KB262943

EASY ICHIBAN

사랑에 빠진 사자
바람과 햇님

저자 복보경

이치방 일본어 스토리 프로그램 교재 저술에 앞서....

얼마 전에 한국어를 배우고 있는 일본인 친구에게서 엉뚱한 일본어를 접하게 되었습니다.

「最近、私は忙しくて精神がないです。」
순간, 무슨 뜻인가 고개를 갸우뚱하였습니다. 잠시 후, 이 친구가 너무 한국어에 몰입한 나머지 '바빠서 정신없다'는 표현을 그대로 일본어로 단어만 바꿔 옮긴 표현 것이란 것을 깨닫고 둘이서 웃을 수밖에 없었습니다. 이런 표현들은 일본어도 한국어도 아니라고 할 수 있습니다. 일본어로 표현하려 했다면「最近、私はあまり忙しすぎるんです。」라고 했어야 합니다.

일본어는 한국어가 아닌 엄연한 외국어라는 점을 잊지 말아 주세요.
위의 예와 같이 한국어 문장을 단어만 일본어로 바꾼다고 해서 일본어 문장이 되는 것은 아니랍니다.

두 언어의 어순이 같다는 점을 이유로, 단어 암기 중심의 학습법을 고집해 왔다면 자연스러운 일본어회화 능력이나 작문능력의 중,고급 수준으로의 향상까지는 아직도 먼 길이 남아 있을 것입니다.

일본어와 우리말과는 엄연히 다른 각각의 외국어인데도 불구하고 그 어순의 유사성에 의존하여 일본어의 모든 표현을 단순히 [한국어에서 일본어로의 단어 전환]이라는 방법을 통해 표현하려고 하는 분들이 계십니다. 이러한 현상은 일본어 학습의 기초 단계에서 가장 흔히 일어나는 일

중의 하나이며, 자연스러운 일본어 학습의 가장 큰 장애물이 되기도 합니다.

초급 학습단계에서부터 단순한 단어 암기에 그치지 않고, 통문장 암기를 통한 문형 학습을 익히게 되면, 일본어 원어민과 다름없는 자연스러운 표현을 몸에 익힐 수 있게 됩니다.

본 교재는 이솝 우화 중에서도 특히 재미있고 유익한 두 가지의 이야기를 선별하여, 회화체 문장의 대사와 문장체 문장의 내레이션으로 [본문]을 구성 하고 있습니다. 또한, 그 중의 중요 표현은 [주요 표현 익히기]에서 집중적으로 다루어, 이 문장들을 통으로 암기할 수 있도록 하여 일상 회화나 작문에서 자연스럽게 활용될 수 있도록 하였습니다.

주요 표현으로 다루어진 문장에 대해 많은 새로운 단어들을 넣어가며 응용하려 하기 보다는, 여기에서 다루어진 문장을 그대로 암기하여 자기 것으로 만드는 점에 중점을 두길 바랍니다. [스토리북]에서 다루고 있는 [주요 표현]을 모두 암기하는 기본에 충실한 학습 방법은 [원어민에 가까운 자연스러운 표현력]을 키워주는 밑거름이 될 것입니다.

복 보경

1 문형 암기의 중요성 강조

외국어 학습에 있어 단어 암기를 통한 어휘력 향상은 가장 기초적인 역할입니다.

그렇지만 기초 이상의 수준이 되려면 우선 많은 문형을 이해하고 암기하여 자기 것으로 만들어가는 과정이 무엇보다 중요하다 할 수 있습니다.

본교재에서는 문장안에 사용되는 주요 단어는 계속 제시하여 줌으로써, 한국어 문장을 일본어로 바꾸는데 있어 단어 암기에 대한 부담을 주려 주고 있습니다. 그 대신 자연스러운 일본어로 표현할 수 있도록 통문장 내지는 문형을 제시하여 주고 암기할 수 있도록 하였습니다.

문장을 암기하는 방식으로 일본어 문형을 이해하고, 학습된 문장을 실제 회화장면에서 활용할 수 있도록 하여 보다 자연스러운 일본어 표현력을 키울 수 있게 됩니다.

2 자연스러운 일본어 커뮤니케이션 능력 강조

본 교재의 [본문]은 회화체의 '대사' 와 문장체의 '내레이션'으로 구성되어 있으며, 그 중 대부분은 등장인물의 대사를 통한 회화체 표현이 차지하고 있습니다.

본문 속에 등장하는 회화체 표현 중, 일상 커뮤니케이션에서 자주 사용되고 있는 중요 표현임에도 불구하고, 외국인 학습자가 특히 틀리기 쉬운 표현들을 중심으로 본 교재에서는 〈주요 표현 익히기〉에서 중점적으로 다루고 있습니다.

일본어 원어민조차 어렵고 까다롭게 느끼는 표현을 골라 익히며 고난이도의 표현 능력을 자랑하려는 학습자보다는, 보다 넓은 범위에서 보다 쉽게 이해될 수 있는 기초 표현, 기초 문형을 정확하게 몸에 익힌 학습자의 자연스러운 커뮤니케이션 능력이 향후의 활용 능력에서 앞서가리라 생각합니다.

1   본문

[본문]은 내레이션과 등장인물의 대사로 구성되어, 내레이션은 문장체로, 대사는
회화체로 최대한 현장감을 살린 어조로 표현되고 있습니다.
우선, 일본어 본문을 한국어 해석을 보지 않고 소리 내어 읽어 보세요. 잘 모르는
부분이 있다면 한국어 해석의 하단에 있는 [단어]를 활용하세요.

2   주요표현 익히기

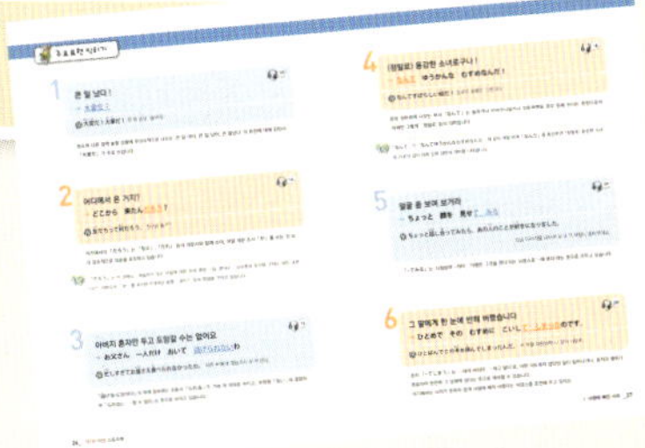

본문에 나온 표현들 중, 일상 생활에서 자주 쓰이면서도 틀리기 쉬운 표현들을 골
라 예문과 함께 설명하고 있습니다. 이러한 표현들은 언뜻 쉬워 보이지만, 학습자
가 스스로 표현하고자 하는 경우에는 표현 방식이 우리말과 달라 직역체의 표현으
로는 어색한 일본어가 되기 쉽습니다. 본 교재의 핵심 부분이라고도 할 수 있는 파
트로서, 통문장 형태로 암기하여 그 문형을 이해하는 것이 중요합니다.
본문 문장과 함께 제시된 예문은 일상생활에서 자주 접하는 표현들로 구성되었고, [연습문제]에서 본문 문장
과 함께 한 번 더 암기하여 활용할 수 있도록 하고 있습니다.

3   연습문제

[연습문제]는 [표현 연습]과 [회화 연습]의 두 파트로 나누어, [Ⅰ 표현 연습]에서는 [주요 표현
익히기]에서 익힌 문형들을 본문의 문장으로 복습할 수 있도록 하고 있습니다. [Ⅱ 회화 연습]
에서는 해당 문형이 일상 회화 속에서 어떻게 활용될 수 있는지 회화문을 통해 연습할 수 있도록
하고 있습니다. [Ⅱ 회화 연습]에서 요구되고 있는 정답은 [주요 표현 익히기]에서 예문으로 등장한 문장이므
로, 각각의 주요 문형은 [주요 표현 익히기]와 [Ⅱ 회화 연습]을 통해 2회 이상 암기될 수 있도록 유도하고 있습
니다. 또한, [Ⅱ 회화 연습]에서는 해당 문형이 쓰여지는 일본어 회화 장면을 자연스럽게 이해할 수 있도록 한
국어 해석을 권말에 따로 첨부하도록 하였습니다.

목차

목차

사랑에 빠진 사자

옛날 한 마을에 농부와 농부의 딸이 살고 있었습니다.
어느 날 이 마을에 사자가 내려왔다가 농부의 딸에게 반해 결혼을 청했습니다.
무서운 사자의 청을 거절하지 못하고 고민하던 농부는 영리한 딸의 지혜로 사자
를 물리치고 딸도 지켜낼 수 있었습니다.

一人の　お百姓さんが　むすめと　一緒に　くらして　いました。むすめは　とても　美しく、それに　とても　りこうでした。お百姓さんは　むすめを　深く　愛していました。二人は　今日も　はたけで　一緒に　仕事を　していました。

お百姓さん：　あまり　仕事を　しすぎて　疲れては　いけないよ。
　　　　　　　体を　壊したら　大変だ。

むすめ　　：　私の　ことは　心配しないで。
　　　　　　　お父さんこそ　先に　家に　帰って　ください。
　　　　　　　ここは　私　一人で　できるから。

お百姓さん：　いいや。一緒に　やって　早く　帰ろう。

한 농부가 딸과 함께 살고 있었습니다. 농부의 딸은 매우 아름답고, 게다가 매우 영리했습니다. 농부는 딸을 무척 사랑했습니다. 둘은 오늘도 밭에서 열심히 일을 하고 있었습니다.

농부   일을 너무 해서 지치면 안 된단다. 병나면 큰일이잖니.

딸   제 걱정은 하지 마세요. 아버지.

아버지야말로 먼저 집으로 들어가세요.

여긴 저 혼자서 할 수 있어요.

농부   아니다. 같이 하고 빨리 돌아가자꾸나.

단어

- ☐ ひゃくしょう(百姓)   농부
- ☐ むすめ(娘)   딸
- ☐ いっしょに(一緒に)   함께
- ☐ くらす(暮す)   살다
- ☐ それに   게다가
- ☐ りこうだ(利口だ)   영리하다
- ☐ はたけ(畑)   밭

- ☐ つかれる(疲れる)   지치다
- ☐ からだをこわす(体を壊す)   건강을 해치다
- ☐ しんぱい(心配)   걱정
- ☐ こそ   ~야말로
- ☐ さきに(先に)   먼저
- ☐ ひとりで(一人で)   혼자서

1

딸과 함께 살고 있었습니다

→ **むすめと　一緒に　くらして　いました**

예 父と母、そして妹と一緒にくらしています。

아빠와 엄마 그리고 여동생과 함께 살고 있습니다.

'살다'라는 뜻을 지닌 단어로는 「くらす」 외에도 「住む」 「生きる」 등이 있지만, '~에서 (어떻게) 지낸다' 라는 뉘앙스로 쓰일 때에는 주로 「くらす」 를 사용한답니다.

2

딸을 무척 사랑했습니다

→ **むすめを　深く　愛していました**

예 神様は この世界を とても 愛していました。 신은 이 세상을 무척 사랑했습니다.

「愛する」 가 상태를 나타내는 표현으로 쓰일 때는 과거의 「~た」 형이 아닌, 「ている」 형으로 쓰이는 것이 한국어와 다르지요. 「結婚している(결혼했다)」 「やせている(말랐다)」 등도 주의하세요.

3

너무 일을 많이 하면 안돼

→ **あまり　仕事を　しすぎては　いけないよ**

예 田中君、きんちょうしすぎてはいけないが、リラックスしすぎてもいけないよ。

다나카군, 너무 긴장해도 안 되지만, 너무 방심해도 안 되네.

'너무 ~하다'의 표현은 「あまり~する」 가 아닌 「あまり~すぎる」 라는 점을 주의하세요.
여기에서 「あまり」 는 생략할 수도 있죠. 「~てはいけない」 는 '~해서는 안 된다'라는 의미를 지닌 강력한 금지 표현이랍니다.

4

병이나면 큰일이야

→ 体を 壊し<u>たら</u> 大変だ

예 風邪を引いたら大変だ。早く寝なさい。　감기에 걸리면 큰일이야. 어서 자거라.

「～たら大変だ」란 문형은 '~하면 큰일이야'라는 의미로 여러 가지 표현을 넣어 연습해두면 쓸모가 많은 표현입니다. 또한, 「体を壊す」는 '병이 나다, 몸을 해치다'라는 뜻의 관용표현입니다.

5

제 걱정은 하지 마세요

→ 私の ことは 心配しないで

예 どうかしばふに入らないでください。　제발 잔디밭에 들어가지 마세요.

「～ないでください」는 '~하지 마세요'라는 금지 표현으로서, 「ください」를 생략하면 가까운 사이의 편한 반말 표현이 되지만, 여기에서는 문맥 상황에 따라 존댓말로 해석하고 있습니다.

6

아버지야말로 먼저 집에 들어가세요

→ お父さん<u>こそ</u> 先に 家に 帰ってください

예 私の方こそ失礼しました。　저야말로 실례했습니다.

「こそ」가 명사 다음에 접속하게 되면 조사 「は」나 「が」에 비해 상대적으로 보다 강한 강조의 느낌인 '~야말로'의 표현이 됩니다.

Ⅰ 표현 연습 – 괄호 안의 표현을 이용하여 일본어로 바꾸어 봅시다.

1. 딸과 함께 살고 있었습니다.　(〜と一緒（いっしょ）にくらしている)

→

2. 딸을 사랑했습니다.　(愛（あい）している)

→

3. 너무 일을 많이 하면 안돼.　(あまり〜すぎる)

→

4. 감기에 걸리면 큰일이야.　(〜たら大変（たいへん）だ)

→

5. 제 걱정은 하지 마세요.　(〜ないでください)

→

6. 아빠야말로 먼저 집에 들어가세요.　(こそ)

→

단어

□ むすめ(むすめ)　딸	□ しごと(仕事)　일	□ さきに(先に)　먼저
□ ふかく(深く)あい(愛)する	□ かぜ(風邪)をひく　감기에 걸리다	
무척 사랑하다	□ しんぱい(心配)する　걱정하다.	

Ⅱ 회화 연습 - 제시된 내용에 맞는 일본어로 바꾸어 보세요.

1. A : 田中さんはだれと一緒にくらしていますか。

   B : 　　　　　　　　　　　　　　　　아빠와 엄마 그리고 여동생과 함께 살고 있습니다.

2. A : 彼が特に愛しているのはだれですか。

   B : 　　　　　　　　　　　　　　　　딸을 무척 사랑했습니다

3. A : お母さん、私はきんちょうなんかしないから、安心して。

   B : 　　　　　　　　　　　너무 긴장해도 안 되지만, 너무 방심해도 안 돼

4. A : これから毎朝5時に起きて勉強します。

   B : 　　　　　　　　　　　　　　　　　병이 나면 큰일이야

5. A : 今日の昼はあのしばふで食べましょうか。

   B : 　　　　　　　　　　　　　　　제발 잔디밭에 들어가지 마세요

6. A : 挨拶が遅くなり失礼しました。

   B : 　　　　　　　　　　　　　　　　저야말로 실례했습니다

단어

□ だれ(誰) 누구	□ あんしん(安心) 안심	□ きょう(今日) 오늘
□ いもうと(妹) 여동생	□ リラックス 긴장을 품	□ ランチ 런치, 점심 식사
□ とくに(特に) 특히	□ これから 앞으로	□ しばふ(芝生) 잔디밭
□ とても 무척	□ まいあさ(毎朝) 매일 아침	□ どうか 제발
□ きんちょう(緊張) 긴장	□ からだをこわす(体を壊す)	□ あいさつ(挨拶) 인사
□ なんか 따위	병이 나다	

その時、一頭の　ライオンが　村に　あらわれました。

ライオン　：　あそこに　にんげんが　いるぞ。　フッ　フッ　フッ

　　　　　　　あいつら　すごく　うまそうだな。

　　　　　　　ちょうど　わしの　昼めし時だ。ヒッ　ヒッ　ヒッ

ライオンは　はたけに　飛び出しました。

ライオン　：　ガオーッ　ガオーッ　わしは　森の　王さまだ！

　　　　　　　おまえたちは　わしの　昼めしに　なれ。かくごは　できた

　　　　　　　な！

그 때, 사자 한 마리가 마을에 나타났습니다.

사자   저기에 인간이 있네! 후후,

저 녀석들 아주 맛있어 보이는데.

마침 점심 먹을 시간이군. 헤헤헤.

사자는 밭으로 뛰어 갔습니다.

사자   어흥 어흥. 나는 숲속의 왕이다.

너희들은 내 점심이 되거라. 각오는 되었겠지?

단어

- いっとう(一頭) 한마리
- あらわれる(現れる) 나타나다
- あいつら 저녀석들
- うまい(旨い) 맛있다
- ちょうど 마침
- ひるめし(昼飯) 점심(밥)
- とびだす(飛び出す) 뛰어나가다
- ガオーッ 사자의 울음소리
- もり(森) 숲
- おうさま(王様) 왕, 임금님
- おまえたち(お前たち) 너희들
- かくご(覚悟) 각오
- できる 되다, 완성되다
- な (종조사) 남성어로서 상대편의 동의를 구하거나 대답을 유도하는 뜻을 나타냄.

1

사자 한 마리가 마을에 나타났습니다

→ 一頭の　ライオンが　村に　あらわれました

예 あら、ライオンが一頭、二頭、三頭... 怖いわ。

어머나, 사자가 한 마리, 두 마리, 세 마리 ... 아이 무서워.

사자, 소, 돼지, 코끼리와 같이 덩치가 큰 동물을 세는 단위로는 조수사 「頭(とう)」가 쓰여요. '사자 한 마리'는 「一頭のライオン」 「ライオン一頭」, '소 한 마리'는 「一頭の牛」 「牛一頭」 라고 표현하지요.

2

저기에 인간이 있네!

→ あそこに　にんげんが　いる<u>ぞ</u>！

예 今日はぜったいまけないぞ。　오늘은 절대로 지지 않겠어.

여기에서 종조사 「ぞ」는 혼잣말로 스스로에게 다짐하거나 어떤 사실에 대한 판단을 나타내는 표현이에요.

3

저 녀석들 아주 맛있어 보이는데

→ あいつら　すごく　うま<u>そうだ</u>な

예 あのケーキ、とてもおいしそうね。　저 케익, 아주 맛있어 보여.

여기에서의 「そうだ」는 '마치 …와 같아 보이다'라는 의미의 상태 표현으로, '~라고 한다'의 전문(伝文)의 「そうだ」와 구분할 수 있어야 해요.

> Tip 단어의 모양(어형)은 같으나 그 기능과 용법이 다른 두 「そうだ」에 대해 특히 능력 시험 등에서는 다른 품사와의 접속의 차이점을 중심으로 시험문제가 많이 출제되고 있죠. 즉, 여기에서의 상태 조동사 「そうだ」는 동사, 조동사 「れる」 「せる」 등의 연용형, い형용사, な형용사의 어간과 접속하지만, 예외적으로 「ない」, 「よい」와 접속 시에는 「なさそうだ」, 「よさそうだ」와 같이 사이에 「さ」가 들어가는 점을 주의하세요.

4. 너희들은 내 점심이 되거라

→ **おまえたちは　わしの　昼_{ひる}めしに　なれ**

예 暗_{くら}くなる前_{まえ}に早_{はや}く帰_{かえ}れ！ 어두워지기 전에 어서 돌아가!

「なれ」는 동사 「なる」의 명령형 표현이에요.

Tip 동사의 기본형을 명령형으로 만들어주는 규칙을 정리해 볼까요?

1그룹 동사의 명령형은 어미를 「e단」으로 바꾸어 주고(예: 話す→話せ)

2그룹 동사는 어간의 뒤에 명령형어미 「ろ」를 붙이면(예: 見る→見ろ) 명령형이지요.

3그룹 동사 「する」의 명령형은 「しろ」, 「来る」의 명령형은 「こい」는 외웁시다!

5. 각오는 되었겠지?

→ **かくごは　できたな**

예 かくごはできたか。 각오는 되었나?

'각오하다'라는 주체적 의미로 쓰이는 경우에는 「覚悟_{かくご}する」의 표현이 쓰이는데 비해, 다소 피동적 표현으로서 '각오되다, 각오는 되었다'를 나타내고자 하는 경우에는 주로 「覚悟_{かくご}はできる, 覚悟_{かくご}はできた」라고 표현하지요. 이 경우 어말 어미에 따라 조금씩 뉘앙스가 바뀌어 우선, 상대방 마음의 준비 여부를 단정형태로 동의를 구하고자 하는 경우에는 본문과 같이 종조사 「な」를 이용하여 「覚悟_{かくご}はできたな(각오는 되었겠지)」라고 표현할 수 있지요. 또 의문조사 「か」를 이용하여 「覚悟_{かくご}はできたか」라고 표현하면 '각오는 되었나?'라고 상대방에게 묻게 되고, '각오는 되었습니다'라는 의지 표현은 「覚悟_{かくご}はできています」라고 하지요.

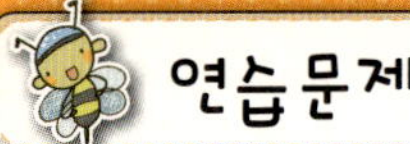

Ⅰ 표현 연습 – 괄호 안의 표현을 이용하여 일본어로 바꾸어 봅시다.

1. 사자 한 마리가 마을에 나타났습니다. (一頭)

→

2. 저기에 인간이 있네. (〜ぞ)

→

3. 저 녀석들 아주 맛있어 보이는데… (〜そうだ)

→

4. 너희들은 내 점심이 되거라. (〜になれ)

→

5. 각오는 되었나? (かくごはできる)

→

6. 각오는 되었겠지! (〜な)

→

단어

□ いっとう(一頭) 한 마리	□ にんげん(人間) 인간	□ おまえたち 너희들
□ むら(村) 마을	□ あいつら 저녀석들	□ ひるめし(昼飯) 점심밥
□ あらわれる(現れる) 나타나다	□ すごく 아주	□ かくご(覚悟)する 각오하다
□ あそこ 저기	□ うまい(旨い) 맛있다	

II 회화 연습 – 제시된 내용에 맞는 일본어로 바꾸어 보세요.

1. A : ほら、あそこにライオンがいるぞ。

   B :
   > 어머나! 사자가 한 마리, 두 마리, 세 마리…

2. A : とうとう、けっしょうの日だな。

   B :
   > 오늘은 절대로 지지 않겠어

3. A : この店は有名らしいよ。

   B :
   > 저 케익은 아주 맛있어 보여

4. A : 何時までここにいていいですか。

   B :
   > 어두워지기 전에 어서 돌아가

5. A : 今日こそ、しょうぶだ。

   B :
   > 각오는 되었나?

6. A : 今日こそ、しょうぶだ。

   B :
   > 각오는 되었겠지!

단어

☐ ほら　(상대의 주의를 끌 때) 이봐	☐ ぜったい(絶対)　절대	☐ くらい(暗い) 어둡다
☐ あそこ　저기	☐ まける(負ける)　지다	☐ ～するまえ(前)に　～하기 전에
☐ とうとう　결국	☐ みせ(店)　가게	☐ しょうぶ(勝負)　승부
☐ けっしょう(決勝)　결승	☐ ゆうめい(有名)だ　유명하다	
☐ ～だな　～이군	☐ ケーキ　케익	

お百姓さん： 大変だ！ライオンだ！

　　　　　　どこから　来たんだろう？ おまえ、早く　逃げろ！

むすめ　　： だめよ、お父さん！お父さん　一人だけ　おいて　逃げられな

　　　　　　いわ。私　お父さんと　一緒に　いる。

ライオン　： なんて　ゆうかんな　むすめなんだ！

　　　　　　こっちに　来い。

　　　　　　ちょっと　顔を　見せて　みろ。

ライオンは　むすめの　顔を　じーと　見ました。なんて　美しいんでしょう。ライオン
は　ひとめで　その　むすめに　こいして　しまったのです。

농부	큰일났다. 사자다. 어디에서 나타난 거지?
	얘야, 얼른 도망쳐라.
딸	안돼요. 아버지. 아버지 혼자만 두고 도망갈 수는 없어요.
	저 아버지랑 함께 있을래요.
사자	용감한 소녀로구나 !
	이리 오거라. 어디 얼굴 좀 보자.

사자는 딸의 얼굴을 자세히 보았습니다. 너무 아름다웠지요. 사자는 그 딸에게 한눈에 반해

버렸습니다.

단어

- □ たいへんだ(大変だ)　큰일이다.
- □ どこから　어디에서
- □ だろう　의문사와 함께 쓰이며 주로 〈~을까, ~(ㄴ)거지〉 등으로 해석된다.
- □ おまえ　아랫 사람을 향해 지칭하는 표현. 너, 얘
- □ はやく(早く)　빨리
- □ にげる(逃げる)　도망가다
- □ だめだ(駄目だ)　안된다
- □ だけ　만, 뿐
- □ おく　두다
- □ にげられない　도망갈 수 없다
- □ わ　여성적인 느낌을 더해 주는 어말 어미
- □ なんて　형용사 등의 앞에 위치하여 감동의 뜻을 나타내는 표현이다. 굳이 해석하자면 〈이 얼마나 ~인가〉 등으로 해석할 수 있다.

- □ ゆうかんだ(勇敢だ)　용감하다
- □ なんだ　어말에 위치하여 강한 단정의 뜻을 포함한다.
- □ こっち　여기. こちら의 편한 표현.
- □ こい(来い)　오너라. 来る의 명령 표현.
- □ ちょっと　조금, 잠깐
- □ かお(顔)　얼굴
- □ みせる(見せる)　보이다.
- □ ~てみる　~아/어 보다
- □ じっと　물끄러미
- □ ひとめで(一目で)　한눈에
- □ こいする(恋する)　사랑하다
- □ ~てしまう　~해 버리다

1

큰 일 났다 ! 

→ <u>大変だ !</u>

예 大変だ ! 火事だ ! 큰 일 났다 ! 불이야 !

평소와 다른 깜짝 놀랄 상황에 무의식적으로 나오는 '큰 일 이야, 큰 일 났어, 큰 일 났다' 의 표현에 대해 감탄사 「大変だ」가 주로 쓰입니다.

2

어디에서 온 거지? 

→ どこから　来たんだろう？

예 友だちって何だろう。　친구란 뭘까?

여기에서의 「だろう」는 「なに」,「だれ」 등의 의문사와 함께 쓰여, 어말 의문 조사 「か」를 쓰는 것 보다 강조적으로 의문을 표현하고 있습니다.

> Tip
>
> 「だろう」는 이 외에도, 확실하지 않은 사실에 대한 추측 표현 '~일 것이다', 상대방의 동의를 구하는 확인 표현 '~지?' 의문조사 「か」를 동반한 반어적인 표현 '~일까?' 등의 용법을 가지고 있습니다.

3

아버지 혼자만 두고 도망갈 수는 없어요 

→ お父さん　一人だけ　おいて　<u>逃げられない</u>わ

예 忙しすぎてお昼さえ食べられなかったわ。　너무 바빠서 점심조차 못 먹었어.

「逃げる(도망치다)」의 뒤에 접속하는 조동사 「られる」가 '가능'의 의미로 쓰이고, 부정형 「ない」와 결합하여 「られない　~할 수 없다」는 뜻으로 쓰이고 있습니다.

4

(정말로) 용감한 소녀로구나 ! 

→ <u>なんて</u>　ゆうかんな　むすめなんだ！

例 なんてすばらしい絵<ruby>え</ruby>だ！ 정말로 훌륭한 그림이야！

문장 첫머리에 나오는 부사 「なんて」는 놀랍거나 어처구니없거나 감동하였을 경우 등에 쓰이는 표현으로서
'어쩌면 그렇게', '정말로' 등의 의미입니다.

Tip 「なんて」가 「なんてゆうかんなむすめなんだ」와 같이 어말 어미 「なんだ」를 동반하면 '(정말로) 용감한 소녀
로구나!'와 같이 더욱 강한 감탄의 의미를 나타냅니다.

5

얼굴 좀 보여 보거라 

→ ちょっと　顔を　見せ<u>て　みろ</u>

例 ちょっと話し合ってみたら、あの人のことが好きになりました。

조금 이야기를 나누어 보니 그 사람이 좋아졌어요.

「~てみる」는 '시험삼아 ~하다', '어쨌든 그것을 한다'라는 뉘앙스로 '~해 본다'라는 뜻으로 쓰이고 있습니다.

6

그 딸에게 한 눈에 반해 버렸습니다 

→ ひとめで　その　むすめに　こいし<u>て　しまった</u>のです。

例 ひとばんでこの本を読んでしまったんだ。 이 책을 하룻밤에 다 읽어 버렸어.

흔히 「~てしまう」는 '~하여 버리다', '~하고 말다'로, 어떤 의도하지 않았던 일이 일어나거나, 동작과 행위가
완료하여 완전히 그 상태에 있다는 뜻으로 해석할 수 있습니다.
여기에서는 사자가 뜻하지 않게 사랑에 빠져 버렸다는 뉘앙스를 표현해 주고 있지요.

I 표현 연습 – 괄호 안의 표현을 이용하여 일본어로 바꾸어 봅시다.

1. 큰 일 났다 ! 불이야! (大変だ)

→

2. 어디에서 온 거지? (だろう)

→

3. 아빠 혼자만 두고 도망갈 수는 없어요. (~られない)

→

4. 용감한 소녀로구나 ! (なんて)

→

5. 얼굴 좀 보여 보거라. (~てみろ)

→

6. 그 딸에게 한 눈에 반해 버렸습니다. (~てしまう)

→

단어

- かじ(火事) 불, 화재
- だけ 만, 뿐
- にげる(逃げる) 도망가다
- ゆうかん(勇敢)だ 용감하다
- かお(顔) 얼굴
- みせる(見せる) 보이다
- ひとめで(一目で) 한눈에
- こいする(恋する) 사랑하다

Ⅱ 회화 연습 – 제시된 내용에 맞는 일본어로 바꾸어 보세요.

1. A : あら、先生だ。こっちに向かってきてるわ。

   B : [큰일이네!] まだ宿題やっているところなのに。

2. A : おまえとおれは友だちだよな！

   B : [친구란 무엇일까?]

3. A : どうしたの。元気ないね。

   B : [너무 바빠서 점심조차 못 먹었어.]

4. A : 先生が去年から力を入れていたさくひんだそうです。

   B : [정말로 훌륭한 그림이야！]

5. A : どうしたの。幸子さん。山田さんのこと、きらいだったんじゃないの？

   B : [조금 이야기를 나누어 보니, 그 사람이 좋아졌어요.]

6. A : あら、もうへんきゃくするんですか？

   B : おもしろくて [하룻밤에 이 책을 다 읽어 버렸어.]

단어

- □ しゅくだい(宿題)　숙제
- □ げんき(元気)　기운
- □ おひる(お昼)　점심
- □ さえ　조차
- □ きょねん(去年)　작년
- □ ちからをいれる(力を入れる)　힘을 기울이다
- □ さくひん(作品)　작품
- □ すばらしい　훌륭하다
- □ はなしあう(話し合う)　이야기 나누다
- □ ひとばんで(一晩で)　하룻밤에

ライオン　：　おまえは　ゆうかんな　だけでなく

ものすごく　きれいだなあ。

世界中（せかいじゅう）で　一番（いちばん）　きれいだ！

おれと　結婚（けっこん）して　くれないか？

お百姓（ひゃくしょう）さん：　結婚（けっこん）だと?!　なんて　ことを　言（い）うんだ？

おまえとなんか　結婚（けっこん）　できるか！

사자   너는 용감할 뿐만 아니라 무척 예쁘기까지 하구나.

     세계에서 제일 아름다워.

     나와 결혼해 주지 않겠나?

농부   결혼이라고? 무슨 말을 하는 거야?

     너 따위와 결혼 할 수 있을 거 같아?

단어

- □ だけでなく   뿐만 아니라
- □ ものすごく   무척
- □ せかいじゅうで(世界中で)   세계에서
- □ いちばん(一番)   제일
- □ おれ (俺)   나. 남성어
- □ けっこんする(結婚する)   결혼하다
- □ ~てくれないか   ~해주지 않겠는가

- □ だと   (상대방의 말을 받아서) ~이라고.
- □ なんてことをいうんだ   어처구니없는 말을 들었을 때 관용적으로 〈말도 안되는 소리를 하고 있구나〉라는 의미를 담아 쓰여지고 있다
- □ なんか   ~따위
- □ できる   할 수 있다

1

용감할 뿐만 아니라 무척 예쁘기까지 하구나!

→ ゆうかんな だけでなく、ものすごく きれいだなあ。

예 彼は やさしいだけでなくまじめです。 그는 자상할 뿐만 아니라 성실합니다.

'~만, ~뿐'의 한정을 나타내는 「だけ」의 뒤에 「でなく」 또는 「ではなく」가 오면 '~뿐만 아니라'라는 첨가의 의미를 나타내지요. (「は」를 생략하지 않은 「だけではなく」가 조금 더 정중한 느낌이 들어요)

2

세계에서 제일 아름다워

→ 世界中で 一番 きれいだ!

예 日本で一番有名なおんせんなんだ。 일본에서 제일 유명한 온천이야.

'세계에서 제일'이라는 표현에 대해 여러 표현이 있지만, 간단한 표현으로서 「世界中で一番」 또는 「世界で一番」을 익혀 둡시다.

3

나와 결혼해 주지 않겠나?

→ おれと 結婚して くれないか?

예 彼女のけいたい番号、教えてくれないか。 그녀의 핸드폰 번호, 가르쳐 주지 않겠나?

「~てくれないか」는 남성이 가족이나 친한 친구 및 아랫사람에게 무언가를 직접 부탁하거나 명령하는 표현으로, 우리말로는 '~해 주지 않겠나'에 해당합니다.

Tip 「~てくれる」는 '(상대방에 나에게) ~해 주다'라는 의미를 담고 있지만, 「~てくれ」, 「~てくれないか」는 「~てください」의 편한 관계에서의 표현입니다. 즉, 정중한 표현이 아니므로 상대방과의 관계를 고려하여 사용해야 합니다. 「~てくれ」가 「~てくれないか」보다 더욱 직접적인 표현입니다.

4

결혼이라고?

→ 結婚<u>だと</u>？

예 なに, これがほんものだと。 뭐, 이게 진짜라고?

어말 어미 「~だと」는 상대방의 말을 인용하면서 '~라고?'로 반문하는 경우에 쓰입니다. 놀라는 어투이므로 어미를 올리면서 발음해 주는 것이 좋습니다.

5

무슨 말을 하는 거야?

→ <u>なんて　ことを　言うんだ</u>？

예 おやに向かってなんてことを言うんだ。 부모보고 무슨 소리를 하는 거야?

「なんてことを言うんだ」는 어떤 상황에 대해 어처구니 없는 경우에 [무슨 말을 하는거야?] 와 같이 한 문장으로 많이 사용되므로, 그대로 외워 두는 것이 좋아요.

> **Tip** 「なんて」는 부조사 「など」에 격조사 「と」가 붙은 「などと」가 변한 말로서, 체언 등 의 활용어의 종지형과 접속하여 「なんか」 등과 유사하게 '~라는 둥', '~따위', '~이라니' 등의 뜻으로 쓰이는 경우와, 「なんという」의 준말로서 감탄의 뜻을 담아 어두에서 '정말로'의 의미로 쓰이거나, '어떻게, 무어라고'의 의미로 쓰이기도 해요.

6

너 따위와 결혼 할 수 있을 거 같아?

→ おまえと<u>なんか</u>　結婚できる<u>か</u>！

예 お金なんかいりません。 돈 따위는 필요없습니다

「なんか」를 가나 표기하여 '~따위'의 의미로 상대방이나 자신을 저평가하는 경우에 사용하며, 「など」, 「なんて」와 비슷해요. 또한, 어말의 「できるか」에서 쓰이고 있는 종조사 「か」는 힐난, 반박 등의 의미를 담고 있어, 궁극적으로는 「できない(할 수 없다)」라는 의미를 강하게 나타내고 있어요.

I 표현 연습 – 괄호 안의 표현을 이용하여 일본어로 바꾸어 봅시다.

1. 용감할 뿐만 아니라 무척 예쁘기까지 하구나 ! (だけでなく)

→

2. 세계에서 제일 아름다워. (世界で一番)

→

3. 나와 결혼해 주지 않겠나?　(~てくれないか)

→

4. 결혼이라고? (~だと?)

→

5. 무슨 말을 하는 거야?

→

6. 너 따위와 결혼 할 수 있을 거 같아? (なんか)

→

단어

- □ ものすごく　무척
- □ きれいだ　예쁘다
- □ いちばん(一番)　제일
- □ けっこんする(結婚する)　결혼하다

1. A : どうして彼のことが好きになったんですか？

   B :
   > 그는 자상할 뿐만 아니라 성실합니다

2. A : このおんせん、悪くないねえ。

   B :
   > 일본에서 제일 유명한 온천이야.

3. A : 何かおれに聞きたいことでもあるのか。

   B :
   > 그녀의 휴대폰 번호, 가르쳐 주지 않을래?

4. A : これがほんとうのほんものですから…

   B :
   > 뭐, 이게 진짜라고?

5. A : 勉強なんて、だいきらい！

   B :
   > 부모한테 무슨 소리를 하는 거야?

6. A : 試験にごうかくしたら、お金なんかいくらでもやるから。

   B :
   > 돈 따위는 필요 없습니다

단어

□ どうして　왜, 어째서	□ おしえる(教える)　가르치다	□ いくらでも　얼마든지
□ おんせん(温泉)　온천	□ ほんもの(本物)　진짜	□ やる　주다
□ にほんで(日本で)　일본에서	□ べんきょう(勉強)　진짜	□ ~から　~(ㄹ)테니까
□ ゆうめい(有名)だ　유명하다	□ だいきらい(大嫌い)だ　매우 싫다	□ いる(要る)　필요하다
□ かのじょ(彼女)　그녀	□ おや(親)　부모	
□ けいたいばんごう(携帯番号) 　　　　　휴대폰 번호	□ しけん(試験)　시험	
	□ ごうかく(合格)　합격	

ライオン　　：　なぜだ？　おれは　森の　王さまだぞ。

お百姓さん：　それは　そうだが…
　　　　　　　むすめは　まだ　結婚するには　早すぎる。

ライオン　　：　そんなの　関係ないぞ。わしと　一緒に　年を　とって
　　　　　　　いくのだから。わしに　おまえの　むすめを　くれ。
　　　　　　　そうでなければ　おまえたち　二人とも　食ってやる。
　　　　　　　さあ、どうする？

사자   왜지?

난 숲속의 왕이란 말이다.

농부   그건 그렇지만...

딸은 결혼하기에는 아직 너무 일러서.

사자   그런 건 상관없어. 나와 함께 나이를 먹어 갈 테니까.

네 딸을 나에게 줘.

그렇지 않으면 너희들 둘 모두 잡아먹어 버릴테니까.

자, 어떻게 할 텐가?

단어

□ なぜ　왜

□ ぞ　상대방에게 자신의 판단을 강하게 고지시키는 의
　　미를 담고 있는 종조사 어미.

□ それ　그것

□ そうだ　그렇다

□ が　중간 역접. ~지만

□ まだ　아직

□ ~には　はやすぎる(~には早すぎる)　~하기에는
　　아직 너무 이르다.

□ かんけい(関係)　관계

□ としをとる（年を取る）　나이를 먹다

□ ~ていく　~해 가다

□ そうでなければ　그렇지 않으면

□ とも(共)　함께, 같음

□ ~てやる　~해주다.

□ さあ　자아, 어서

1

그건 그럴지만

→ それは　そうだが…

예 今日は忙しいですが、あしたなら大丈夫です。　오늘은 바쁘지만, 내일이라면 괜찮습니다

역접 접속사「~が」는 우리말의 '~지만'의 의미로 문장체와 구어체에서 모두 폭넓게 사용되고 있죠.

Tip 접속사「~が」는「結婚するが」와 같이 동사, 형용사의 종지형과 접속되며,「学生だが」와 같이 명사의 뒤에서는「だ」나「です」와 같은 종조사를 필요로 하는 점 주의하세요.

2

결혼하기에는 너무 일러

→ 結婚するには　早すぎる。

예 家族みんなでくらすにはこのアパートは狭すぎるよ。

이 아파트는 가족 모두가 살기엔 너무 좁아.

「~(する)には~すぎる」를 ~하기에는 '너무 ~하다'의 문형으로 외워두면 좋아요.「歩いて行くには遠すぎる(걸어가기엔 너무 멀다)」와 같은 예문을 통으로 암기해 두면 좋아요.

3

그런 건 상관없어

→ そんなの　関係ないぞ。

예 この授業と関係のない話しは止めてください。 이 수업과 상관없는 이야기는 그만둬 주세요.

「関係ない」는 우리말로 '상관없다' 는 뜻의 관용표현입니다.

4

함께 나이를 먹어 갈 테니까

→ 一緒に　年を　とっ<u>て　いく</u>のだから。

(예) 結婚してからも仕事は続けていくつもりです。　결혼하고 나서도 일은 계속 할 작정입니다.

「~ていく」는 '~해 가다'의 의미입니다. 즉, 기준 시간부터 그 이후로의 추이 및 변화를 나타내는 경우에 쓰이며, 「~てくる」와 구분하여 쓰기 바랍니다. 또한 「年をとる」는 '나이를 먹다'의 의미로서, 여러분은 「年を食べる」라고 하지 않도록 주의해야겠죠?

5

너희 둘 모두 잡아먹어 주지

→ おまえたち　二人とも　食っ<u>て　やる</u>。

(예) こんなきゅうりょうの安い会社、いつでもやめてやる。

이렇게 월급이 적은 회사, 언제든 그만둬 주지.

「~てやる」는 '~해 주다'의 의미입니다. 손윗사람이 손아래 사람에게 어떤 특혜를 입게 해준다는 뉘앙스가 강해요. 하지만, 위의 예문에서와 같이 분노의 표현으로 상대가 싫어하는 것을 일부러 한다는 의미로 사용되기도 하지요. 화자와 대등한 관계에 있는 사람에게는 「~てあげる」를 사용합니다.

Ⅰ 표현 연습 – 괄호 안의 표현을 이용하여 일본어로 바꾸어 봅시다.

1. 그건 그렇지만... (~が)

→

2. 결혼하기에는 너무 일러. (~には~すぎる)

→

3. 그런 건 상관 없어. (関係ない)

→

4. 함께 나이를 먹어 갈 테니까. (~ていく)

→

5. 너희 둘 모두 잡아먹어 주지. (~てやる)

→

단어

☐ かんけい(関係) 관계, 상관　　　☐ くう(食う) 먹다

회화 연습 – 제시된 내용에 맞는 일본어로 바꾸어 보세요.

1. A：先生、すこし相談したいことがあるのですが、いかがでしょうか。

   B：［　　　오늘은 바쁘지만, 내일이라면 괜찮습니다.　］

2. A：ここは駅からも近いし、便利だわ。

   B：［　　　이 아파트는 가족 모두가 살기엔 너무 좁아.　］

3. A：先生は結婚していますか。

   B：［　　　이 수업과 상관없는 이야기는 그만 둬 주세요.　］

4. A：山田さん、結婚したら仕事はどうするつもりですか。

   B：［　　　결혼하고 나서도 일은 계속 할 작정입니다.　］

5. A：今月分のきゅうりょうです。みなさん、お疲れさまでした。

   B：［　　　이렇게 월급이 적은 회사, 언제든 그만둬 주지.　］ (혼잣말)

단어

□ そうだん(相談) 상담	□ かぞく(家族) 가족	□ やめる(止める) 그만두다
□ きょう(今日) 오늘	□ えき(駅) 역	□ しごと(仕事) 일
□ いそがしい(忙しい) 바쁘다	□ べんり(便利)だ 편리하다	□ つづける(続ける) 계속하다
□ なら ~라면	□ くらす(暮す) 지내다	□ こんげつぶん(今月分) 이번 달분
□ だいじょうぶだ(大丈夫だ) 괜찮다	□ せまい(狭い) 좁다.	□ きゅうりょう(給料) 월급
	□ じゅぎょう(授業) 수업	□ やめる(辞める) 사직하다

🎧 (34)

お百姓さん：　うう…　まず　むすめに　聞いてみよう。

　　　　　　　明日　また　来て　ほしい。

　　　　　　　その時に　答える　ことに　しよう。

お百姓さんと　むすめは　家に　帰りました。

お百姓さん：　いったい　どうしたら　いいんだ？　おまえを　ライオンなん
　　　　　　　かと　結婚させられない。しかし　あいつと　結婚しなけれ
　　　　　　　ば、私たちは　食べられて　しまう。

むすめ　　：　そんなに　心配しないで、お父さん。
　　　　　　　何か　ほうほうが　あるわ。私が　考えて　みます。
　　　　　　　ああ、そうだ！

농부   음.... 우선 딸에게 물어보지.

내일 다시 와 줘.

그 때 대답하기로 하지.

농부와 그의 딸은 집으로 돌아왔습니다.

농부   도대체 어쩌면 좋으냐.

너를 사자 따위하고 결혼시킬 수는 없다.

그렇지만 저 녀석과 결혼하지 않으면

우리들은 잡아먹히고 말테니.

딸   그렇게 걱정하지 마세요. 아버지.

뭔가 방법이 있을거에요. 제가 생각해 볼게요.

아하! 그렇지!

단어

□ まず　우선

□ ～て　みる　～해보다

□ ～て　ほしい　～하길 바란다

□ こたえる(答える)　대답하다

□ ～(する)ことにする　～하기로 하다

□ かえる(帰る)　돌아가다

□ いったい　도대체

□ どうしたら　어떻게 하면

□ けっこんさせられない(結婚させられない)　결혼 시킬 수 없다

□ しかし　그러나

□ あいつ　저 녀석

□ ～しなければ　～하지 않으면

□ そんなに　그렇게

□ しんぱいする(心配する)　걱정하다

□ なにか(何か)　무언가

□ かんがえる(考える)　생각하다

□ ああ、そうだ　(궁리하다 좋은 생각이 떠올라) 아하 맞다. 그렇지!

1

내일 다시 와

→ 明日　また　来て　ほしい。

例 今日は早く帰ってきてほしいんだけど。　오늘은 빨리 돌아와 줬으면 좋겠는데.

「〜てほしい」는 다른 사람에게 화장의 희망과 요구를 나타내는 표현이에요.
「ほしい」가 단독으로 쓰일 때에는 원하다, 갖고싶다 라는 형용사 표현인데 비해, 동사의 て형과 접속하게 되는 「〜てほしい」는 '~해주기 바란다, ~하길 원한다' 라는 보조어미적 표현으로 쓰이게 되는 것이죠. 이런 경우 대상의 주체 뒤에는 격조사 「が」 또는 「に」 가 접속하지만, 생략되어서도 많이 표현됩니다. 또한 「早く暖かくなってほしい」 와 같이 자연 현상에 대한 기대 표현으로서도 많이 쓰이고 있지요.

2

그 때 대답하기로 하지

→ その時に　答える　ことに　しよう。

例 その話しは聞かなかったことにしましょう。　그 이야기는 안들은 걸로 합시다.

「(동사~)ことにする」 는 '~하기로 하다'의 의미로 장래의 결정, 결의 등을 나타냅니다.
여기에서는 「〜ことにしよう」 의 형태로 '~하기로 하자'라는 의미입니다. 특히 「〜ことに」 앞에 접속하는 동사가 기본형이라는 점은 반드시 기억해야 할 중요한 사항입니다. 참고로, 같은 의미로 쓰이는 「〜こととする」 는 「〜ことにする」 에 비해 보다 문장체적인 표현이랍니다.

3

도대체 어쩌면 좋으냐

→ いったい　どうしたら　いいんだ？

例 彼との結婚、どうしたらいいかわかりません。　그와의 결혼, 어찌해야 할지 모르겠습니다.

「どうしたらいい」 는 '어떻게 하면 될까'라는 상대방에게 조언을 구하는 의미로 쓰이는 회화적인 표현입니다. 또, 이 표현 뒤에 불확실한 사실을 나타내는 조사 「か」 를 결합시키면 '어찌해야 할지'라는 의미로 쓰입니다.

4

→ おまえを　ライオンなんかと　結婚させられない。

예 いくらがんばっても、勉強の面では母をまんぞくさせられなかったのです。

아무리 노력해도 공부 면에서는 엄마를 만족시킬 수 없었습니다

「けっこんさせられない」중의 「させられない」는 '~하게 할 수 없다, 시킬 수 없다'로 해석하시면 좋습니다. 사역조동사인 「させる」와 가능형조동사인 「られる」가 결합된 형태로, 그 뒤에 부정형 어미인 「ない」가 접속하여, 불가능의 의미를 표현하고 있습니다.

5

→ そんなに　心配しないで　ください。

예 ここではたばこを吸わないでください。　여기에서는 담배를 피지 마세요.

「~ないでください」는 [~하지 마세요]라는 의미를 담은 완곡한 금지 표현입니다.
편한 사이에서 주고 받는 반말 표현으로는 뒷 부분의 「ください」를 생략한 형태로 쓰이며, 정중한 자리에서는 「~ないでいただけませんか」「~ないでいただけないでしょうか」 등의 표현이 있습니다. 유사 표현으로서 「~ないでほしい」 등이 있지요.

I 표현 연습 – 괄호 안의 표현을 이용하여 일본어로 바꾸어 봅시다.

1. 내일 다시 와. (~てほしい)

   →

2. 그 때 대답하기로 하지. (~ことにする)

   →

3. 도대체 어쩌면 좋으냐. (どうしたらいい)

   →

4. 너를 사자 같은 것과 결혼시킬 수는 없다. (~させられない)

   →

5. 그렇게 걱정하지 마세요. (~ないでください)

   →

단어

- こたえる(答える)　대답하다
- いったい　도대체
- ライオン　사자
- そんなに　그렇게

Ⅱ 회화 연습 – 제시된 내용에 맞는 일본어로 바꾸어 보세요.

1. A :　（오늘은 빨리 돌아와 줬으면 좋겠는데.）

   B : うん、分かった。

2. A : 部長、もうしわけありませんが私、今月でやめさせていただきます。

   B :　（그 이야기는 안들은 걸로 합시다.）

3. A : 金さん、どうしたんですか。何かなやみ事でもあるんですか。

   B :　（그와의 결혼, 어찌해야 할지 모르겠습니다.）

4. A : どうして勉強するのを止めてしまったの。

   B :　（아무리 노력해도 공부에서는 엄마를 만족시킬 수 없었습니다.）

5. A : たばこを吸ってもいいですか。

   B :　（여기에서는 담배를 피지 마세요.）

단어

- こたえる(答える)　대답하다
- ～てほしい　~하길 바란다
- もうしわけない(申し訳ない)　죄송하다
- やめる(辞める)　사직하다
- なやみごと(悩み事)　고민거리
- どうして　어째서
- いくら~ても　아무리 ~해도
- どりょくする(努力する)　노력하다
- まんぞくさせる(満足させる)　만족시키다
- たばこ　담배
- すう(吸う)　(담배를) 피다
- ~てもいい　~해도 좋다

むすめは　お父さんに　何か　ささやきました。

お百姓さん：　それは　いい考えだ！

　　　　　　　おまえは　ただ　美しいだけでなく、

　　　　　　　ほんとうに　りこうな　子だ。

次の　日、お百姓さんは　ライオンに　会いました。

ライオン　：　それで　おまえの　むすめは　なんと　言って　いるんだ？
　　　　　　　早く　話して　くれ！

お百姓さん：　むすめは　あなたと　結婚したいと　言っています。

　　　　　　　しかし…

딸은 아버지에게 뭔가를 속삭였습니다.

농부 그것 참 좋은 생각이구나. 너는 그냥 아름다울 뿐 만 아니라

정말로 영리한 아이로구나.

다음 날, 농부는 사자와 만났습니다.

사자 그래 너의 딸은 뭐라고 하는가? 빨리 말해 주게.

농부 딸은 당신과 결혼하고 싶다고 했습니다. 다만...

단어

□ ささやく 속삭이다
□ いい(良い) 좋다
□ ただ 그냥
□ うつくしい(美しい) 아름답다. 예쁘다
□ だけでなく ~뿐만아니라
□ ほんとうに(本当に) 정말로

□ りこうだ(利口だ) 영리하다
□ こ(子) 아이
□ つぎ(次) 다음
□ あう(会う) 만나다
□ それで 그래서
□ ~したい ~하고 싶다

1

그거 참 좋은 생각이구나 !

→ <u>それは　いい　考えだ！</u>

예 それはとってもいい考えだと思います。　그건 정말로 좋은 생각이라고 생각합니다

「それはいい考えだ」는 상대방의 의견에 적극적으로 동조하는 표현으로서 '그래 맞아, 그거 참 좋은 생각이야'라는 뉘앙스를 담고 있는 표현입니다. 영어식 표현으로서는 'That's good idea!'를 들 수 있겠지요. "

Tip 우리말의 [생각하다]를 일본어에서는 「考える」와 「思う」가 나눠 쓰고 있지요. 두 단어의 구별법으로서 흔히 합리적 사고 면은 「考える」를, 감정적 사고는 「思う」가 각각 담당하고 있다고 하는데, 그러한 의미의 역할 분담을 상기의 「いい考えだと思います」의 예문에서도 분명히 하고 있습니다.

2

그래서 네 딸은 뭐라고 하는가?

→ <u>それで</u>　おまえの　むすめは　何と　言って　いるんだ？

예 A：私、きのうどろぼうに入られてね。　나, 어제 도둑이 들어서 말이야

　　B：それでどうなりました。　그래서 어떻게 되었습니까?

여기에서의 「それで」는 상대방의 이야기를 재촉할 때에 쓰이는 표현입니다. 해석은 원인이나 이유의 접속사로 쓰이는 경우의 '그래서'와 같지만, 실제 용법상의 기능은 다르다고 할 수 있지요.

Tip 「それで」의 가장 활발한 용법으로는 앞 문장에 대한 이유나 원인을 나타내고자 할 때 '그래서, 그런 까닭에' 등의 의미로 쓰이고 있는 경우이지요. 그렇지만, 여기에서는 상대방의 다음 이야기를 재촉하고자 할 때의 예입니다. 이 경우의 「それで」는 구어적인 표현으로, 친한 사이에서는 「で」로 줄여 사용하죠.
또한, 이 외에도 「それで実は相談したいことがあるんですが」의 예에서와 같이, 화제 전환하는 경우에 '그런데'의 의미로 사용되는 「それで」의 용법도 함께 외워둡시다.

3

뭐라고 하는가?
→ 何と 言って いるんだ？

(예) 山下さんはまだ決められないと言っている。 야마시타씨는 아직 결정할 수 없다고 하고 있어.

「〜といっている」는 「〜という」에 비해 어떤 이의 발언이 현재까지 유효한 것을 나타낸다는 점에서 조금 다릅니다. '~라 말하고 있다'는 의미로 해석할 수 있으며 3인칭의 발언을 인용하는 경우가 대부분이지만, 「私は行きたくないと言っているのに、認めてもらえそうもない(나는 가고 싶지 않다고 하고 있는데, 들어 줄 것 같지도 않다)」에서와 같이 자신의 발언인 경우에는 상황이 자신의 발언을 받아들일 수 없을 경우가 보통입니다.

I

표현 연습 – 괄호 안의 표현을 이용하여 일본어로 바꾸어 봅시다.

1. 그거 참 좋은 생각이구나.

→

2. 그래서 네 딸은 뭐라고 하는가? (それで)

→

3. 뭐라고 하는가? (~と言っている)

→

II　회화 연습 - 제시된 내용에 맞는 일본어로 바꾸어 보세요.

1. A : 今度のお盆に留学生をしょうたいしたらどうだろう。

B : ［그건 정말로 좋은 생각이라고 생각해요.］

2. A : 今日、あさねをしてしまいまして。

B : ［그래서 어떻게 되었습니까?］ 授業に遅れましたか。

3. A : 今度のしゃいんかい、山下さんはさんかするんだろうか。

B : ［야마시타 씨는 아직 결정할 수 없다고 하고 있어.］

단어

- □ こんど(今度)　이번
- □ りゅうがくせい(留学生)　유학생
- □ しょうたい(招待)　초대
- □ おぼん(お盆) 일본 명절 중의 하나, 음력 7월 보름
- □ あさね(朝寝) 아침 늦잠
- □ じゅぎょう(授業)　수업
- □ おくれる(遅れる) 지각하다
- □ しゃいんかい(社員会)사원회
- □ さんか(参加) 참가
- □ きめる(決める) 결정하다

ライオン　：　なんだ？言ってみろ！

それから　何と　言った？

お百姓さん：　むすめは　あなたが　とても　好きなんです。

しかし、　あなたの　つめが　すごく　怖いと　言って

いる。間違って　むすめを　きずつけたら　どうします？

そこで　私は　考えたのですが…

むすめの　ために　その　つめを　ぬいて　もらえますか？

사자　뭐야, 말을 해봐!

　그리고 나서 뭐라고 했나?

농부　딸은 당신을 아주 좋아합니다.

　그러나, 당신 발톱이 너무 무섭다고 했어요.

　잘못해서 딸아이를 다치게 하면 어떻게 합니까?

　그래서 제가 생각한 건데요...

　딸을 위해 그 발톱을 뽑아주실 수 있겠습니까?

단어

□ ~てみろ　~해 봐

□ それから　그리고나서

□ ~という　~라고 하다

□ とても　매우

□ つめ　발톱, 손톱

□ すごく　몹시

□ こわい(怖い)　무섭다

□ まちがって　실수로, 잘못해서

□ きずつける(傷付ける)　상처를 입히다

□ ~たら　~하면

□ どうします？　어떻게 합니까?

□ そこで　그래서

□ ~のために　~을 위해

□ ぬく(抜く)　뽑다

□ ~てもらえますか？　~해 줄 수 있습니까?

1

잘못해서 다치게 하면 어떻게 합니까? 

→ <u>間違って</u>　きずつけ<u>たら</u>　どうします？

例 間違って ゆびでも 切ったら大変です。　잘못해서 손가락이라도 베면 큰 일 납니다.

「〜たら」는 '~하면'이라는 가정 표현으로, 앞에 「間違って」가 쓰이면 누군가의 실수로 벌어지는 '잘못해서 ~하면'이라는 의미를 담고 있어요.

Tip 「間違って〜たら」 뒤에 이어지는 「どうします」란 상대방에게 어떻게 하겠느냐는 책임을 묻는 듯한 뉘앙스를 주게 되어, 「まちがって〜したらどうします」란 표현은 결국은 '그렇게 하면 안 된다'는 궁극적인 의미를 내포하고 있습니다.

2

발톱을 뽑아 주실 수 있겠습니까? 

→ つめを　ぬい<u>て　もらえますか</u>？

例 ちょっとぺん 貸して もらえますか。　펜 좀 빌려 줄 수 있습니까?.

「〜てもらえますか」는 화자 내지는 화자 측근의 사람을 위해 부탁할 때에 사용하는 표현이에요. 때로는 다른 사람에게 주의를 주는 경우에도 사용될 수 있어요. 보다 정중하게 부탁하는 경우에는 「〜てもらえないでしょうか」「〜ていただけませんか」「〜ていただけないでしょうか」 등의 형태를 사용하면 좋아요.

I

표현 연습 – 괄호 안의 표현을 이용하여 일본어로 바꾸어 봅시다.

1. 잘못해서 다치게 하면 어떻게 합니까? (間違って～たら)

→

2. 발톱을 뽑아 주실 수 있겠습니까? (～てもらえますか)

→

단어

□ きずつける(傷付ける) 다치게 하다 □ つめ(爪) 손톱, 발톱 □ ぬく(抜く) 뽑다

II

회화 연습 – 제시된 내용에 맞는 일본어로 바꾸어 보세요.

1. A : この包丁、よく切れるかな。

   B : 気をつけてください。

잘못해서 손가락이라도베면 큰 일 납니다

2. A : こちらにお名前と電話番号などを書いてください。

   B :

펜 좀 빌려 줄 수 있습니까?

단어

□ ほうちょう(包丁) 식칼 □ ゆび(指) 손가락 □ でんわばんごう(電話番号) 전화번호

□ きれる(切れる) (칼이) 잘들다 □ きる(切る) 자르다,베다

□ き(気)をつける 주의하다 □ たいへんだ(大変だ) 큰일이다 □ かす(貸す) 빌려 주다

□ まちがって(間違って) 잘못해서, 실수로 □ なまえ(名前) 이름

ライオン ： もちろんだ！

わしは　あの　子のためなら　なんだって　する！

明日　また　来い。

ライオンは　どうくつに　帰って　つめを　全部　ぬいて　しまいました。
ライオンは　しあわせでした。むすめとの　結婚が　待てません。

お百姓さん： こんにちは、ライオンさん。

つめは　全部　ぬきましたか？

ライオン ： 全部　ぬいた。ほら　見て　みろ! 一つもないだろ。

わしの　所に　来るように　むすめに　言ってくれ。

사자   물론이다. 나는 그녀를 위해서라면 뭐든지 할거야.

내일 다시 오너라.

사자는 동굴로 돌아가 발톱을 전부 뽑아 버렸습니다.

사자는 행복했습니다. 농부의 딸과 빨리 결혼하고 싶었습니다.

농부   안녕하세요. 사자님.

발톱은 전부 뽑았습니까?

사자   전부 뽑았다. 자, 한번 보거라. 하나도 없지?

이제 내게 오도록 딸에게 전해 주게.

단어

- □ もちろん　　물론
- □ どうくつ(洞窟)　　동굴
- □ ぜんぶ(全部)　　전부
- □ しあわせだ(幸せだ)　　행복하다
- □ まてる(待てる)　　待つ의 가능형. 기다릴 수 있다.

- □ だろ　　추량 표현의 だろう와는 구분되는 표현으로, 자신의 주장을 상대방에게 강하게 확인시키는 구어체 표현.
- □ ~ように　　~하도록

1

그 아이를 위해서라면 뭐든지 할 거야

→ あの　子の　ためなら　**なんだって　する**！

(예) それぐらいのことは子供だって知っている。　그 정도 일은 아이도 알아.

「なんだってする」 에서 쓰이고 있는 「だって」 는 「でも」 와 마찬가지로 '~ 라도'로 해석하세요. 「なんだってする」 는 「なんでもする」 보다 편하게 사용하는 구어체적 표현이랍니다.

2

하나도 없지?

→ 一つも　ない**だろ**！

(예) 君も行くだろ？　너도 갈 거지?

「だろ」 는 「だろう」 가 변화한 형태로, 조금 더 구어체적인 느낌을 주는 표현이에요. 「だろう」 와 마찬가지로 '추측'과 '확인'의 두 가지 의미적 기능을 가지고 있으며, 여기에서는 상대방의 의사를 '확인'하는 의미로 쓰이고 있지요. 여성보다는 주로 남성들이 쓰는 표현으로, 여성은 주로 「でしょう」 나 「でしょ」 를 쓴답니다.

Tip 「だろ」 와 「だろう」 모두 '추측'의 의미로 쓰일 경우에는 어말 부분에서 인터네이션을 내리고, '확인'의 의미일 경우에는 상승조의 인터네이션이라는 점을 주의하세요.

3

이제 내게로 오도록 딸에게 전해 주게.

→ わしの　所に　来る**ように**　むすめに　言ってくれ。

(예) 忘れないようにノートにメモしておこう。　잊지 않도록 노트에 메모해 두자.

동사를 수반하는 「～ように、～ないように」 는 '그와 같은 상태, 상황을 성립시키기 위해 ~하다', '~하지 않도록 하다'라는 의미를 나타냅니다. 이 때 「に」 는 생략될 수 있어요. 주로 '목적', '권고', '기원', '인용', '배려', '변화' 등의 표현으로 사용되지요.

I 표현 연습 – 괄호 안의 표현을 이용하여 일본어로 바꾸어 봅시다.

1. 하나도 없지? (〜だろ)

→

2. 내게로 오도록 딸에게 전해 주게. (〜ように)

→

단어

□ ひとつ(一つ) 한 개

II 회화 연습 – 제시된 내용에 맞는 일본어로 바꾸어 보세요.

1. A : あともう少しだから、ちょうじょうまでのぼってみたらどうかな。

   B : うん、行こう。　　　너도 갈 거지?

2. A : 来週の水曜日、かならず5時までには出してください。

   B :　　　잊지 않도록 노트에 메모해 두자.

단어

□ あと(後)もうすこしだ (관용적 표현으로) 이제 조금만 더하면 된다
□ ちょうじょう(頂上) 정상
□ のぼる(登る) 오르다
□ うん (긍정의 응답으로) 응
□ らいしゅう(来週) 다음 주
□ すいようび(水曜日) 수요일
□ かならず(必ず) 반드시
□ だす(出す) 제출하다

お百姓さん： ちょっと 待って ください！

じつは もう 一つ あるんですよ。

むすめは あなたの きばが とても 怖いと 言って います。あんまり とがって いるから。

その きばで むすめを きずつけたら どうします？

それで 私は 考えたのですが… …

その きばも 全部 ぬく ことが できますか？

ライオン ： そんなの 問題じゃ ない。

あの 子の ためなら 何だって できる。

おれは この きばを 全部 ぬくぞ。

明日 むすめと 一緒に 来い。

お百姓さん： むすめに そう 伝えます。

じゃあ 明日 また、ライオンさん。

농부　잠깐 기다려 주십시오. 실은 한 가지 더 있어요.

　　　딸아이는 당신의 이빨이 너무 무섭다고 했어요. 너무 뾰족하잖아요.

　　　그 이빨로 딸아이를 다치게 하면 어쩝니까?

　　　그래서 제가 생각해 봤는데... 그 이빨도 전부 뽑을 수 있습니까?

사자　그런 건 문제 없어.

　　　그녀를 위해서라면 뭐든지 할 수 있어.

　　　나는 이 이빨을 모조리 뽑겠네.

　　　내일 딸과 함께 오게.

농부　딸에게 그렇게 전하겠습니다.

　　　그럼 내일 뵙지요. 사자님.

단어

□ じつは(実は)　실은
□ もうひとつ　하나 더
□ きば(牙)　이, 이빨
□ あんまり　너무
□ とがる(尖る)　뾰족하다

□ なんだって　뭐든지
□ つたえる(伝える)　전하다
□ じゃあ　그럼
□ 明日　また　내일 만나요.
　　「また　明日」와 동일하다

1

실은 하나 더 있어요.

→ じつは もう 一つ あるんですよ。

예 もう一人紹介したい人がいる。 소개하고 싶은 사람이 한 사람 더 있어.

'하나 더'와 같이 현재의 분량 위에 어떤 수량을 더하려고 할 때의 표현으로서 「もう＋조수사」를 쓸 수 있어요. 이 경우 「もう」 대신에 「あと」가 쓰이기도 합니다.

Tip 단, 「あと＋조수사」를 쓰게 되면 [이것이 최후로 남은 것]이라는 뉘앙스가 있지만, 「もう」에는 특별히 그런 의미를 담고 있지 않습니다. 따라서 횟수 표현에서 그것이 마지막이라고 말하기 어려운 경우 등은 「あと」를 쓰기 보다는 「もう」를 쓰는 것이 적절하다고 할 수 있어요.

2

그 이빨도 전부 뽑을 수 있습니까?

→ その きばも 全部 ぬく ことが できますか。

예 毎朝6時に起きることができますか。 매일 아침 6시에 일어날 수 있습니까?

정중하고 딱딱한 문장체적인 느낌을 주는 표현인 「동사의 기본형＋ことができる」의 문형은 모든 종류의 동사에 활용 가능하죠. 단, 「できる」「分かる」와 같은 그 자체에 가능의 의미를 지닌 동사에는 사용되지 않아요.

Tip 동사의 가능 표현에 대해 정리해 볼까요?

1그룹 동사는 기본형 어미를 /e/단으로 바꾸어 준 후 「る」를 붙이고

2그룹동사는 어미 「る」를 떼고 「~られる형」

3그룹 동사는 「する→できる」, 「来る→来られる」으로 바꾸어 줄 수 있지요.

또한, 비슷한 가능 표현이라 하더라도 「海で泳げる」의 예문에서와 같이 어떠한 능력에 대한 가능 여부를 묻는 표현(수영을 할 수 있는가)보다는 어떠한 사실에 대한 가능성의 여부(수영을 할 수 있는 곳인가)를 묻는 장면에서 「ことができる」의 문형을 선호하는 경향이 있는 것 같아요.

3

그런 건 문제 없어
→ そんなの 問題じゃ ない。

예 大した問題じゃない。心配するな。 별문제 아니야, 걱정하지 마.

해당 사항에 대해 대수롭지 않다는 「そんなの問題じゃない」는 「そんなこと問題じゃない」라고도 바꾸어 쓸 수 있으며, [별 문제 아니야] 라는 의미로 해석되는 「大した問題じゃない」 또한 유사 표현이라 할 수 있지요.

Ⅰ 표현 연습 – 괄호 안의 표현을 이용하여 일본어로 바꾸어 봅시다.

1. 실은 하나 더 있어요. (もう一つ)

→

2. 그 이빨도 전부 뽑을 수 있습니까? (〜ことができる)

→

3. 그런 건 문제 없어. (問題じゃない)

→

단어

- じつは(実は) 실은
- きば 이빨
- ぜんぶ(全部) 전부
- ぬく(抜く) 뽑다
- そんなの 그런 거
- もんだい(問題) 문제

 회화 연습 - 제시된 내용에 맞는 일본어로 바꾸어 보세요.

1. A :

소개하고 싶은 사람이 한 사람 더 있어.

　 B : そうなの。今度はどんな人かしら。

2. A : 明日から6時に起きて勉強するつもりです。

　 B :

매일 아침 6시에 일어날 수 있습니까?

3. A : 今日までのレポート、雨にふられてしまったわ。どうしよう。

　 B :

별문제 아니야. 걱정하지 마

단어

□ しょうかい(紹介)　소개　　　　□ まいあさ(毎朝)　매일 아침　　　□ たいした(大した)　대단한

□ こんど(今度)は　이번에는　　　□ おきる(起きる)　일어나다　　　□ しんぱいする(心配する)

□ かしら　(여성이) ~일까　　　　□ きょう(今日)　오늘　　　　　　　　　　　　　　　　　　 걱정하다

□ つもりだ　~할 작정이다　　　　□ あめ(雨)にふられる　비를 맞다

今度は ライオンは どうくつに 帰って きばを 全部 ぬいて しまいました。そして かがみを 見ながら ニタリと わらいました。 明日の 結婚式のことを 考えると ウキウキして 仕方が ありません。

ライオン ： おはよう。

きばを 全部 ぬいて きたぞ。

ほら 自分で 見て みろ！

もう するどい つめも、とがった きばも 何も ない。

おれは 全部 あの 子の のぞむ とおりに したんだ。

もう あの 子を きずつける ものは 何も ないぞ。

이번에 사자는 동굴로 돌아가 이빨을 전부 뽑아 버렸습니다. 그리고 거울을 보면서 히쭉 웃었

습니다. 내일 있을 결혼식을 생각하니 마음이 들떠 어찌할 바를 몰랐습니다.

사자　안녕,

　　　이빨을 전부 뽑고 왔지.

　　　자 직접 보거라.

　　　이젠 날카로운 발톱도 뾰족한 이빨도 아무것도 없어.

　　　난 그녀가 원하는 대로 모두 했어.

　　　이제 그녀를 다치게 할 만한 것은 아무것도 없는 거지.

단어

□ こんど(今度)　이번
□ どうくつ(洞窟)　동굴
□ かがみ(鏡)　거울
□ にたりと　히쭉
□ わらう(笑う)　웃다

□ うきうきする　마음이 들뜨다
□ しかた(仕方)がない　어쩔 수 없다. 견딜 수 없다
□ おはよう　아침 인사말
□ のぞむ(望む)　바라다
□ ~とおりに　~(하는)대로

1

마음이 들떠 어찌할 바를 몰랐습니다.

→ ウキウキして　仕方が　ありません。 

^예 試験にごうかくしたので、うれしくて仕方がないわ。

시험에 합격해서 기뻐 어쩔 줄을 모르겠어.

흔히 체념의 뜻으로 쓰이는 「しかたがない(~할 수 없다)」와 달리 「~てしかたがない (~해서 어쩔 줄을 모르다)」 문형은 자연스럽게 어떤 감정이나 감각이 일어나서 자기 스스로도 조절할 수 없는 상태를 나타냅니다. 누르려고 해도 누를 수 없는 상태로, 그 때문에 그 감정의 정도가 대단히 높은 것을 나타내는 경우가 많습니다.

Tip 「~てしかたがない」의 앞에는 감정과 감각과 욕구를 나타내는 표현이 주로 쓰이므로, 사물의 속성이나 평가에 대한 표현이 오게 되면 부자연스러운 문장이 됩니다. 「が」를 생략하여 「~てしかたない」로 쓰기도 하며, 편한 말투로는 「~てしょうがない」라고 하기도 합니다.

2

자 직접 보거라.

→ ほら　自分で　見て　みろ！ 

^예 自分のことは自分でやりなさい。　자기 일은 스스로 (직접) 하거라.

「自分」이란 '자기 자신' 이라는 명사로서의 기능과 '나,저'등의 대명사로서의 기능을 가지고 있습니다. 그리고 「自分で」는 대략 '자기 자신이' 또는 '스스로(직접)'이라는 뉘앙스를 가지고 있습니다.

Ⅰ 표현 연습 – 괄호 안의 표현을 이용하여 일본어로 바꾸어 봅시다.

1. 마음이 들떠 어찌할 바를 몰랐습니다. (〜て仕方がない)

→

2. 자 직접 보거라. (自分で)

→

단어

☐ うきうきする 마음이 들뜨다　　　☐ ほら 이봐, 자!

Ⅱ 회화 연습 – 제시된 내용에 맞는 일본어로 바꾸어 보세요.

1. A : あら、どうしたの。良いことでもあったの。

B :　　　　　　　　　　　　　　　　　시험에 합격해서 기뻐 어쩔 줄을 모르겠어.

2. A : お母さん、ぼくの部屋も掃除してもらえないかな。

B :　　　　　　　　　　　　　　　　　자기 일은 스스로 하거라.

단어

☐ しけん(試験) 시험　　　　☐ うれしい(嬉しい) 기쁘다　　　☐ へや(部屋) 방
☐ ごうかく(合格) 합격　　　☐ ぼく(僕) (남성어) 나　　　☐ そうじ(掃除) 청소

ライオン ： わしの 花よめは どこに いる？ 早く つれて こい。

今 すぐに あの 子と 結婚 したいんだ。。

お百姓さん： むすめは おまえなんかと 結婚 しないよ。

ライオン ： なんだと？ それは どういう 意味だ？

おれは あの 子の ために つめも きばも

みんな ぬいたんだぞ。あの 子が そうして 欲しいって...

お百姓さん： ライオン、おまえは ほんとに ばかだな。

おまえは つめも きばも ない。

もう おまえの ことなど ちっとも 怖く ないんだ。

むすめを おまえなんかに よめに やる もんか。

これでも くらえ！ほれ、もう いっぱつ！

사자　내 신부는 어디에 있나? 빨리 데려 오너라.

　　　지금 당장 그녀와 결혼하고 싶네.

농부　딸은 너 따위와 결혼하지 않아

사자　뭐라고? 그게 무슨 말이야?

　　　난 그녀를 위해 발톱도 이빨도 모두 뽑았다구.

　　　그녀가 그렇게 해 달라고 해서...

농부　사자야 넌 정말 바보구나. 넌 발톱도 이빨도 없어.

　　　이제 너 같은 것은 조금도 무섭지 않다구.

　　　내 딸을 너따위에게 시집보낼 것 같은가?

　　　이거나 먹어라. 에이 한 대 더!

단어

□ はなよめ(花嫁)　신부	□ ちっとも~ない　조금도 ~지 않다
□ つれてくる（連れてくる）　데리고 오다	□ よめにやる(嫁にやる)　시집보내다
□ いますぐに(今すぐに)　지금 당장	□ くらう(食らう)　(좋지 않은 일을) 당하다. 맞다
□ それはどういういみだ？　그게 무슨 말이야?	□ ほれ　「ほら」와 같은 감동사
□ ばか　바보	□ いっぱつ(一発)　(주먹으로) 한 대 침

1

그게 무슨 뜻이야?

→ それは <u>どういう</u> 意味だ？

예 いったいどういうつもりなんだ。 대관절 어떻게 할 작정인 건가?

「どういう」란 「どんな」와 마찬가지로 '어떤, 어떠한'이라는 의미를 가진 연체사예요. 따라서 「どういう意味だ」란 '무슨 뜻이야?' 또는 '무슨 생각이야?'이라고 해석할 수 있지요. 또한 '무슨 속셈이야?' '어쩔 작정이야?' 라는 회화적 표현으로는 「どういうつもり」를 쓸 수 있어요.

2

그 아이가 그렇게 해 달라고 해서...

→ あの 子が そうして 欲しい<u>って</u>…

예 今日の予約のキャンセルはできないって。 오늘 예약 취소는 할 수 없다고 하네.

「って」는 인용의 의미를 지닌 격조사 「と」와 바꿔 쓸 수 있는 격조사로, 「と」에 비해 편한 어투의 표현이에요. 정식적인 자리 외에서는 널리 쓰이는 표현으로 남성, 여성의 구분없이 사용 가능하지요.

3

넌 발톱도 이빨도 없어.

→ おまえは つめ<u>も</u> きば<u>も</u> ない。

예 ねも葉もないうわさなんだよ。 전혀 근거없는 소문이야.

「~も~もない」의 문형은 「寒い・暑い」「手・足」등과 같은 한 쌍을 이루는 단어를 대비시켜 그 어느 것도 아니라는 의미를 나타내는 표현입니다. 또한 「ねも葉もない」는 '전혀 근거 없는, 황당한'이라는 의미의 관용 표현으로서 자주 쓰이는 표현이므로 외워 두면 좋습니다.

4 딸을 너 따위에게 시집 보낼 거 같아?

→ むすめを　おまえなんかに　よめに　やる　**もんか**。

예 あんな人に　頼むもんか。 그런 사람에게 부탁할 거 같아?

「ものか」 또는 회화체에서 쓰이는 「もんか」는 하강조의 인터네이션을 동반하여 강하게 부정하는 기분을 나타냅니다. 상기 예문에서는 「やらない」라는 부정의 강한 의지를 표현해주고 있습니다. 편한 장면에서 쓰이는 회화적 표현입니다. 「ものか」가 주로 남성들이 사용하는 표현인데 비해, 정중체의 「ものですか」는 여성이 사용합니다.

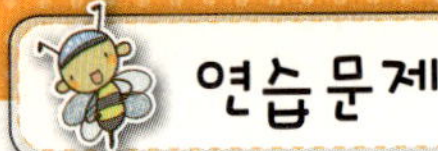

I 표현 연습 – 괄호 안의 표현을 이용하여 일본어로 바꾸어 봅시다.

1. 그게 무슨 뜻이야? (どういう)

→

2. 그 아이가 그렇게 해달라고 해서... (〜って)

→

3. 넌 발톱도 이빨도 없어. (〜も〜もない)

→

4. 딸을 너 따위에게 시집보낼 거 같아? (〜もんか)

→

단어

- □ いみ(意味) 의미, 뜻
- □ 〜てほしい ~하길 바란다
- □ つめ(爪) 손톱, 발톱
- □ きば(牙) 이빨
- □ よめ(嫁)にやる 시집보내다

II 회화 연습 – 제시된 내용에 맞는 일본어로 바꾸어 보세요.

1. A : 田中さんはね、今回の試験受けなかったらしいよ。

   B :

대관절 어떻게 할 작정인 건가?

2. A : 悪いけど、今日の予約キャンセルできないかな。ちょっと忙しいんだ。

   B :

오늘 예약 취소는 할 수 없다고 하네.

3. A : 木村さん、来月に結婚するって本当ですか。

   B :

전혀 근거 없는 소문이야.

4. A : 佐藤さんに武君のしゅうしょくの件について頼んでみたらどうですか。

   B :

그런 사람에게 부탁할 거 같아?

단어

□ こんかい(今回) 이번	□ キャンセル 취소	□ うわさ 소문
□ しけん(試験)をうける 시험을 보다	□ らいげつ(来月) 다음 달	□ しゅうしょく(就職) 취직
□ いったい(一体) 도대체, 대관절	□ けっこん(結婚) 결혼	□ たのむ(頼む) 부탁하다
□ つもり 작정, 속셈	□ ねもはもない(根も葉もない)	
□ よやく(予約) 예약	전혀 근거 없다	

ライオン　：　あっ！　いたたっ！

な、何をするんだ？　痛いじゃないか。

お百姓さん：　たたきのめされる　前に　とっとと　行け。

行けと言ったろ！　行け！

ライオン　：　いったい　どうなってるんだ？トホホ　ウエーン

むちゅうになりすぎると　何も　見えなくなるんだね。

사자   아야, 아야

무,무슨 짓을 하는거야?

아프잖아!

농부   묵사발이 되기 전에 당장 꺼져.

가라고 했지, 가!

사자   대체 이게 무슨 꼴이야...

으흑흑

너무 무언가에 깊이 빠져 버리면 아무것도 보이지 않게 되는거야.

단어

- □ たたきのめす(叩きのめす)   때려 눕히다
- □ とっとと   어서, 냉큼
- □ むちゅうになる(夢中になる)   빠지다, 열중하다
- □ なにも(何も)   아무것도

1

묵사발이 되기 전에 당장 꺼져.

→ たたきのめされる　前に　<u>とっとと</u>　行け。

예 暗(くら)くなる前(まえ)にとっとと家(うち)に帰(かえ)りなさい。　어두워지기 전에 어서 당장 집에 돌아가거라.

「とっとと」의 유의어로서「さっさと」「はやく」등을 들 수 있습니다. '어서, 빨리, 냉큼'의 의미로 편한 자리에서 쓰이는 회화적 표현입니다. '빨리 꺼져'로 해석되는 유사 표현으로서「とっとと失(う)せろ」,「とっとと消(き)え失(う)せろ」등이 드라마나 영화 등의 거친 장면에서 사용되고 있습니다.

「たたきのめす)」는 '때려 눕히다' 라는 의미로서, 여기에서는 수동의「～(ら)れる」가 결합된 형태로서 조금 의역하여 '묵사발이 되다'라고 해석되고 있습니다.

Ⅰ

표현 연습 – 괄호 안의 표현을 이용하여 일본어로 바꾸어 봅시다.

1. 묵사발이 되기 전에 당장 꺼져!

→

단어

□ たたきのめす(叩きのめす)　때려 눕히다

Ⅱ

회화 연습 – 제시된 내용에 맞는 일본어로 바꾸어 보세요.

1. A :
어두워 지기 전에 당장 집에 돌아가거라.

B : はい、そうします。

단어

□ くらくなる(暗くなる)　어두워지다　　□ ～まえに　~(하기)전에　　□ そうする　그렇게 하다

바람과 해님

바람과 해님이 누가 더 힘이 센지 힘겨루기를 하려고 지나가던 나그네의 코트를 누가 먼저 벗게 하는지 내기를 하게 됩니다.
이 내기를 통해 바람은 힘보다도 상냥한 부드러움이 중요하다는 걸 알게 됩니다.

さむい　冬の　朝、北風が　ものすごい　いきおいで　吹きあれて　います。

北風　　　：　吹きとばせ！　吹きとばせ！　ハッ　ハッ　ハッ

　　　　　　　あの　木々を　見ろ！吹きとばされそうに　ゆれてるぞ。

　　　　　　　今にも　吹きとんで　いきそうだ。

北風は　もっと　強く　吹きあれます。

北風　　　：　吹きとばせ！　吹きとばせ！　あの　家々を　見ろ！

　　　　　　　今にも　吹きとんで　いきそうだ。

　　　　　　　おれさまは　世界中で　一番　強いんだ。

추운 겨울 아침, 바람이 엄청난 기세로 거칠게 불어대고 있습니다.

바람　날아 가라, 날아 가라!　하하하!

　　　저 나무들을 보아라. 날아 갈 듯이 흔들리고 있구나.

　　　당장이라도 뽑혀 날아가겠군.

바람은 더욱 세게 불어댑니다.

바람　날아 가라,　날아 가라! 저 집들을 보아라.

　　　당장이라도 날아 갈 것 같구나. 이 어르신은 세상에서 제일 힘이 세다니까.

단어

□ さむい(寒い)　춥다
□ あさ(朝)　아침
□ きたかぜ(北風)　바람
□ ものすごい(物凄い)　엄청나다
□ いきおい(勢い)　기세
□ ふきあれる(吹き荒れる)　(바람이)거칠게 불어대다
□ ふきとばす(吹き飛ばす)　(바람이)불어 날려 버리다
□ きぎ(木々)　나무들
□ ゆれる(揺れる)　흔들리다
□ いまにも(今にも)　당장에라도

□ ふきとぶ(吹き飛ぶ)　바람에 날리다
□ もっと　좀더
□ つよい(強い)　강하다, 세다
□ おれさま(俺様)　남자가 자신을 과시하는 어조로 가리키는 말. 나, 이 어르신.
□ せかいじゅうで(世界中で)　세상에서
□ いちばん(一番)　가장, 제일
□ ～んだ　のだ의 회화적 표현. 자신의 주장에 대한 원인, 근거, 강조, 결의 등의 뜻을 나타내며, 여기에서는 강조의 뜻으로 해석된다.

1

날아갈 듯이 흔들리고 있구나.

→ 吹きとばされ<u>そうに</u>　ゆれてるぞ。 

（예）雨がふりそうだからちょっと急がなきゃ。 비가 올 것 같으니 서둘러야겠어.

어떤 상황이 벌어지기 직전의 상황을 표현하고 싶다면 「동사의 ます형+そうだ」를 써 보세요. 비가 올 것 같고, 넘어질 뻔하고, 날아갈 듯한 그런 상황말입니다. 이제 곧 그런 상황이 일어날 것 같지만, 아직은 벌어지지 않은 상황에서 쓰일 수 있겠지요. '~일 것 같다, ~인 듯하다, ~할 뻔하다' 등으로 해석할 수 있답니다.

2

당장이라도 뽑혀 날아가겠군.

→ 今にも　吹きとんで　いきそうだ。 

（예）今にも泣き出しそうな顔をしているよ。 당장이라도 울음을 터트릴 것 같은 얼굴을 하고 있어.

「今にも」는 '지금이라도, 당장'의 의미로 쓰이는 부사랍니다. 「今にも」와 함께 쓰이는 「そうだ」는 상태를 더욱 강조하여 당장 지금 뭔가가 일어날 것 같은 상황을 표현해 줍니다.

 1번과 마찬가지로 여기에서의 「そうだ」는 동사의 ます형과 접속하는 점을 주의하셔야 합니다.
（예）転びそうだ(넘어질 뻔하다), 倒れそうだ(쓰러질 뻔하다)

3

바람은 더욱 세게 불어댑니다.

→ 風は　もっと　強く　吹きあれます。

（예）一日中、嵐が吹きあれていて怖いわ。　하루 종일 폭풍이 거칠게 불어대서 무서워.

「吹きあれる」는 '바람이 거칠게 불어대다' 라는 의미로 뒤의 동사 「あれる」가 앞 동사 「吹く」의 의미를 강조하고 있습니다. 일본어에는 이런 복합 동사가 특별히 많답니다!

일본어에서 복합 동사는

① 「동사＋동사」 (ます형 접속이랍니다!!)　　　　② 「명사＋동사」

③ 「형용사＋동사」　　　　④ 「부사＋동사」

의 구성으로 이루어져 있어요. 그러한 복합 동사의 의미는

① 어떤 일과 동작이 「개시」 「계속」 「종료」 등의 시간적 국면을 나타내주는 경우

② 동작의 방향을 나타내는 경우

③ 동작과 그 결과를 나타내는 경우

④ 앞의 동사가 뒤 동사의 의미를 강조하거나, 단어의 음률을 조절하는 경우

⑤ 뒤의 동사가 앞 동사의 의미를 강조하거나, 단어의 음률을 조절하는 경우

등이 있습니다. 「吹き荒れる」 는 위의 ⑤번의 경우에 속하는 복합동사입니다.

4

나는 세상에서 제일 힘이 세다니까.

→ おれさまは世界中で一番強いんだ

（예）世界中で一番読まれている本は何ですか。　세계에서 제일 많이 읽히는 책은 무엇입니까?

'세상에서 제일'이라는 최상급 비교 표현에는 「世界中で一番」 외에도 「世界で一番」 이라고도 합니다. 또한 「世界の中で一番」 이라고 표현할 수도 있답니다.

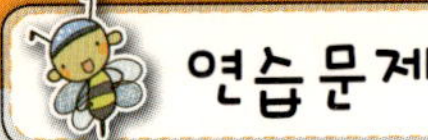

Ⅰ 표현 연습 – 괄호 안의 표현을 이용하여 일본어로 바꾸어 봅시다.

1. 날아갈 듯이 흔들리고 있구나. (~そうに)

→

2. 당장이라도 뽑혀 날아가겠군. (今^{いま}にも~(し)そうだ)

→

3. 바람은 더욱 세게 불어댑니다. (吹^ふきあれる)

→

4. 나는 세상에서 가장 힘이 세다니까. (世界中^{せ かいじゅう}で一番^{いちばん})

→

---

words

- □ ふきとばす(吹き飛ばす) 날려버리다
- □ ゆれる(揺れる) 흔들리다
- □ ぞ 종조사「ぞ」는 자신에의 다짐이나 판단을 나타냄.
- □ いまにも(今にも) 당장이라도
- □ ふきとぶ(吹き飛ぶ) (바람에) 날리다
- □ かぜ(風) 바람
- □ もっと 좀 더
- □ つよい(強い) 세다, 강하다
- □ ふきあれる(吹き荒れる) 거칠게 불어대다
- □ おれさま(俺様) 자신을 높게 지칭하는 말

II 회화 연습 - 제시된 내용에 맞는 일본어로 바꾸어 보세요.

1. A : 山田君、今日は一緒に帰ろうね。

   B : うん、いいよ。ただ

   비가 올 것 같으니 서둘러야겠어.

2. A : 山田さんのせいせきはどうでしょうか。何か聞いていますか。

   B : だめだ。山田さん

   당장이라도 울음을 터트릴 것 같은 얼굴을 하고 있어.

3. A : 今日、そちらの天気はどうですか。

   B :

   하루 종일 폭풍이 거칠게 불어대서 무서워.

4. A : せけんにはいい本がたくさんあるから、できるだけたくさん読んだ方がいいですよ。

   B :

   세계에서 가장 많이 읽히고 있는 책은 무엇일까요?

---

words

□ ただ 그런데, 다만	□ そちら 그쪽	□ せけん(世間) 세상
□ せいせき(成績) 성적	□ てんき(天気) 날씨	□ できるだけ 될 수 있는 한
□ だめだ 틀렸어	□ いちにちじゅう(一日中) 하루종일	□ ~だほう(方)がいい ~하는 편이 낫다
□ なきだす(泣き出す) 울기 시작하다	□ あらし(嵐) 폭풍	
□ きょう(今日) 오늘	□ こわい(怖い) 무섭다	

北風は　はげしく　吹きつづけます。　それに　寒さも　ますばかりです。

北風　　　：　おれさまは　木や　家も　吹きとばす　ことが　できるんだぞ。

　　　　　　おれさまは　世界中で　一番　強いんだ。

その時　太陽が　顔を　出しました。

太陽　　　：　こんにちは、北風さん。

　　　　　　とても　寒くて　風の　強い　日ね。

北風　　　：　その通り。おれさまが　そう　してるんだ。

太陽　　　：　まあ、ほんとう？！　あなたって　強いのね。

北風　　　：　その通り。　おれさまは　世界で　一番　強いんだ。

바람은 계속 세차게 불어댔습니다. 게다가 추위도 더욱 심해지기만 했습니다.

바람　나는 나무와 집도 다 날려버릴 수 있단 말이야.

　　　나는 세상에서 힘이 제일 세단 말이지.

그 때 해님이 나타났습니다.

해님　안녕, 바람씨

　　　아주 춥고 바람이 센 날이네.

바람　그럼, 그렇고 말고.

　　　이 어르신이 그렇게 했단 말이지.

해님　어머, 정말? 당신은 정말 힘이 세구나.

바람　그럼, 그렇고 말고. 이 어르신은 세상에서 제일 힘이 세다구.

단어

- □ はげしい(激しい)　심하다 세차다
- □ ふきつづける(吹き続ける)　계속 불어대다
- □ それに　게다가
- □ ます(増す)　늘다, 많아지다
- □ ～ばかりだ　(~할) 뿐이다
- □ ふきとばす(吹き飛ばす)　불어 날려 버리다

- □ ～ことができる　(~할) 수 있다
- □ かおをだす(顔を出す)　나타나다, 참석하다
- □ って　「…というのは」또는「…なんて」의 압축된 표현으로, […(이)라는 것은. …(이)란] 으로 해석된다.
- □ そのとおり　그렇다. 「そうだ」와 같은 표현이다.

1

게다가 추위도 더욱 심해지기만 했습니다

→ それに　寒<ruby>さ<rt>さむ</rt></ruby>も　ますばかりでした。

（예）最近<rt>さいきん</rt>の天気<rt>てんき</rt>は寒<rt>さむ</rt>くなるばかりです。 최근 날씨는 점점 추워질 뿐입니다.

「~(する)ばかりだ」는 나쁜 방향으로 변화가 진행되고 있을 때 쓰는 표현입니다. 이 경우에는 동사의 기본형과 접속하는 점을 주의하여 주세요.

2

나는 나무와 집도 다 날려버릴 수 있단 말이야.

→ おれさまは　木や　家も　吹きとばす　ことが　できるんだぞ。

（예）二十歳<rt>はたち</rt>みまんの人<rt>ひと</rt>は、お酒<rt>さけ</rt>を飲<rt>の</rt>むことができません。 스무살 미만인 사람은 술을 마실 수 없습니다.

일본어 동사의 기본형 뒤에 「~ことができる」를 붙여주면 그 동사의 정중한 가능 표현이 된답니다.

3

그 때 해님이 나타났습니다.

→ その時　太陽が　顔を　出しました。

（예）来週<rt>らいしゅう</rt>のパーティーには、かならず顔<rt>かお</rt>を出<rt>だ</rt>してくださいね。 다음 주 파티에는 꼭 나와 주세요.

「顔<rt>かお</rt>を出<rt>だ</rt>す」는 '나타나다, 참석하다' 등의 의미로 자주 사용되는 빈출 표현이랍니다. 우리말에서도 유사 표현으로 '얼굴을 내민다'는 표현이 있답니다.

> **Tip** 일본어에는 「顔」(얼굴)을 이용한 관용 표현들이 많이 있습니다.
> 그 중에서 「顔を~(する)」라는 표현이 특히 많은데, 「顔を合わせる(만나다)」, 「顔を見せる(나타나다)」, 「顔をつぶす(얼굴에 먹칠하다)」, 「顔をうる(널리 알려지게 하다)」, 「顔をたてる(체면을 세우다)」, 「顔をなおす(화장을 고치다)」 등이 자주 쓰이는 표현이죠.
> 이 외에 「顔が広い(발이 넓다)」는 우리말과 약간 차이가 있기에 주의해야 할 표현이랍니다.

4

아주 춥고 바람이 센 날이네.

→ とても　寒く<u>て</u>　風の　強い　日ね。

예 新幹線は速くて安全ですから、ご安心ください。　신칸센은 빠르고 안전하니 안심하여 주십시오.

「~て」는 전후에 오는 문맥에 따라 중복, 원인, 대비 등 [~하고, ~해서] 로 부드럽게 연결되는 표현입니다. 다만, 품사별로 「い형용사의 어간 +くて/ な형용사의 어간 +で/ 명사 +で」 의 접속하는 점은 주의하셔야 한답니다.

5

당신은 정말 힘이 세구나.

→ あなた<u>って</u>　強いのね。

예 PCって何ですか？　PC가 뭔가요?

허물없는 관계에서 회화체로 어떤 사항에 대한 정의나 의미를 설명하기 위해 주제를 제시할 때는 「とは」 「というのは」 「なんて」 등의 표현을 대신하여 「って」 를 사용하곤 합니다. 예를 들어, [다나카씨는 참 성실해] → 「田中さんって本当に真面目だね」, [문화란 무엇일까] → 「文化って何だろう」 와 같이 사람이나 어떤 사항에 대해 정의를 내리기 위해 강조적으로 주제를 내세울 때 쓰이곤 합니다.

> **Tip** 「って」 의 용법에는 상기의 용법 외에도, ① 뒤에 명사와 접속하여 「~って +명사」의 형태로 회화체에서 잘 모르는 사람이나 사물,장소 등의 이름을 말하는 경우와(예:「リア王」って作品は 리어왕이란 작품은) ② 어말에 위치하여 [~라고 하던데] 라는 선분 형식의 기능도 있습니다. (예: 明日は休みだって 내일은 휴일이래)

6

그럼, 그렇고말고

→ その通り。

예 A : その通りは「そのとうり」ではなく、「そのとおり」ですよね。

「その通り」 는 「そのとうり」 가 아니고 「そのとおり」 이지요?

B : その通り。 그래, 바로 그거야

일본어는 잠자코 상대방의 의견에 귀를 기울이기 보다는 「なるほど」 「そうですね」 「確かに」 등으로 추임새(?)를 넣어 주는 것이 더 매너있는 화술로 받아들여지는 경우가 많습니다. 그 중 하나인 「そのとおり」 는 우리 식 표현으로 하자면 '그래 맞아' 내지는 '그렇고말고' 등의 적극적인 동의를 나타낼 때에 쓰입니다.

I 표현 연습 – 괄호 안의 표현을 이용하여 일본어로 바꾸어 봅시다.

1. 게다가 추위도 더욱 심해지기만 했습니다. (~ばかりだ)

   →

2. 나는 나무와 집도 다 날려버릴 수 있단 말이야.(~ことができる)

   →

3. 그 때 해님이 나타났습니다.　(顔をだす)

   →

4. 아주 춥고 바람이 센 날이네.　(とても寒くて)

   →

5. 당신은 정말 힘이 세구나. (って)

   →

6. 그럼, 그렇고 말고.

   →

---

words

- □ それに 게다가
- □ さむさ(寒さ) 추위
- □ ます(増す) 늘다, 불어나다
- □ き(木) 나무
- □ いえ(家) 집
- □ ふきとばす(吹き飛ばす) 거칠게 불어대다
- □ とても 매우, 아주
- □ ひ(日) 날
- □ つよい(強い) 세다, 강하다
- □ そのとおり 그럼, 그렇고말고

 회화 연습 – 제시된 내용에 맞는 일본어로 바꾸어 보세요.

1. A : どうですか。ソウルの天気は少し暖かくなったのでしょうか。

   B :
   최근 날씨는 점점 추워질 뿐입니다.

2. A : どうした。君はまったく飲んでないんじゃないか。

   B :
   스무살 미만인 사람은 술을 마실 수 없습니다.

3. A : すみません。きゅうようがあって今日のパーティーには出られないと思います。

   B :
   다음 주 파티에는 꼭 나와 주세요.

4. A : 会議の時間に間に合うかな。飛行機に乗った方がよかったんじゃないかい。

   B :
   신칸센은 빠르고 안전하니 안심하여 주십시오.

5. A : PCについては詳しい方でしょうか。

   B :
   PC가 뭔가요?

6. A : その通りは「そのとうり」ではなく、「そのとおり」ですよね。

   B :
   그래, 바로 그거야.

words

- □ てんき(天気)　날씨
- □ あたたかい(暖かい)　따뜻하다
- □ さいきん(最近)　최근
- □ さむい(寒い)　춥다
- □ きみ(君)　너, 자네
- □ まったく　완전히, 전혀
- □ のむ(飲む)　마시다
- □ みまん(未満)　미만
- □ おさけ(お酒)　술
- □ きゅうよう(急用)　급한 볼일
- □ らいしゅう(来週)　다음 주
- □ かならず(必ず)　반드시
- □ かいぎ(会議)　회의
- □ まにあう(間に合う)　시간에 맞추다
- □ しんかんせん(新幹線)　신칸센
- □ はやい(速い)　빠르다
- □ あんぜんだ(安全だ)　안전하다
- □ あんしん(安心)　안심
- □ について　~에 대해서
- □ くわしい(詳しい)
　정통하다, 잘 알고 있다

太陽　　　：　あなたも　強いけど、

　　　　　　ほんとうは　私の　方が　もっと　強いわ。

北風　　　：　ワッ　はッ　はッ　ふざけるな。

太陽　　　：　いいえ。　私が　一番　強いわ。

北風　　　：　それなら　おれさまに　しょうこを　見せて　みろ。

　　　　　　何が　できるんだ？　木を　とばせるか？

北風は　木を　吹きとばして　しまいました。

北風　　　：　ほら、見て　みろ！

太陽　　　：　わあ、すごい！　私には　できないわ。

해님　　당신도 힘이 세지만, 실은 내가 더 힘이 세.

바람　　하하하....농담하지 마.

해님　　아니. 내가 제일 힘이 세.

바람　　그렇다면 내게 그 증거를 보여 줘봐.

　　　　무얼 할 수 있단 말이야? 나무를 날려버릴 수 있나?

바람은 나무를 날려 버렸습니다.

바람　　자! 보거라.

해님　　어머, 대단해! 나는 못해.

단어

□ もっと　조금 더

□ ふざける　농담하다. 놀리다

□ ~な　금지를 나타냄. (~하지) 마라

□ それなら　그러면, 그렇다면

□ しょうこ(証拠)　증거

□ ~てみろ　~해 보아라.

□ とばせる　「とばす(飛ばす)」의 가능형 동사로
　　　　　　'날릴 수 있다'의 의미임.

□ ~てしまう　~해 버리다

□ ほら　자. 이봐 등 상대의 주의를 끌려고 하는 소리

□ すごい(凄い)　굉장하다, 무시무시하다

□ わあ　으와, 어이구 등 놀라거나 감동하였을 때 내
　　　　는 소리

□ わたしには　나는, 내게는

1

실은 내가 더 힘이 세

→ ほんとうは　私の　方が　もっと　強いわ。

(예) 東京より大阪の方がもっとおもしろかったです。　도쿄보다 오사카가 더 재미있었습니다.

'A보다 B가' 라는 식의 양자 비교 표현은 「AよりBが」로 표현하기 쉽습니다만, 후자 비교 대상의 뒤에 「~の方が」를 넣어 「AよりBの方が」로 표현해 주는 것이 바른 표현입니다.

2

농담하지 마

→ ふざけるな。

(예) 先生にたいしてふざけてはいけません。　선생님에게 까불어서는 안 됩니다.

「ふざける」는 우리말로 '농담하다, 까불다, 장난치다, 희희낙락거리다' 등 여러 가지 의미를 가지고 있습니다. 여기에서는 '농담하다'라는 의미로 사용되고 있지만, 다른 장면에서는 조금씩 다른 의미로도 사용되고 있으니, 많은 예문을 통해 단어의 용법을 하나 하나 익혀가는 것이 좋을 것 같아요. 다만, 일상생활에서 자주 쓰이는 표현이면서도 듣는 상대방에게 플러스적인 의미로 사용되는 표현은 아니니 조금 주의해서 쓰는 것이 좋지요.

3

무얼 할 수 있지?

→ 何ができるんだ？

(예) 今の私にいったい何ができるんだ。　지금의 내가 도대체 무엇을 할 수 있겠는가?

「何ができるんだ」는 보통 부정적인 상황에서 '무엇을 할 수 있겠는가, 할 수 없겠지...'의 의미로 많이 쓰이고 있습니다. 본문에서는 바람이 해님에 대해 무시하며 '네가 무엇을 할 수 있겠니...'라는 의미를 담 아 표현하고 있습니다.

4 나는 못해!

→ <u>私には　できない</u>わ。

예 まんてんだなんて、私にはできないわ。 만점이라니, 나는 못해!

　　일상회화에서 [나로선 그런 건 못해, 할 수 없어]의 느낌을 살리고 싶을 때 쓸 수 있는 표현 중의 하나가 여기에서의 「私にはできない」랍니다. 흔히 「私はできないよ」라고 하기 쉽지만 보다 더 불가능의 뉘앙스를 살려 주고자 할 때에는 남성이라면 「ぼくにはできないね」 「おれには無理だね」를, 여성인 경우에는 「私にはできないわ」 등으로 표현하고 있답니다. 여기에서의 포인트는 「私は」가 아닌 「私には」가 된다는 점이지요. 조금 유사한 표현으로 「私には理解できない」 등 한자어를 넣어서 보다 강조적으로 사용되기도 한답니다.

Ⅰ. 표현 연습 – 괄호 안의 표현을 이용하여 일본어로 바꾸어 봅시다.

1. 실은 내가 더 힘이 세. (~の方が)

→

2. 농담하지 마.(ふざける)

→

3. 무얼 할 수 있지?

→

4. 나는 못해!

→

words

□ ほんとうは(本当は) 실은	□ つよい(強い) 강하다, 세다
□ もっと 더	□ ~な ~하지 마

  회화 연습 – 제시된 내용에 맞는 일본어로 바꾸어 보세요.

1. A : この間の旅行はどうでしたか。

   B : 　　　　　　　　　　　　　　　　　　　　　　　도쿄보다 오사카가 더 재미있었습니다.

2. A : 先生、明日ぼくと結婚しよう。

   B : 　　　　　　　　　　　　　　　　　　　　　　　선생님에게 까불어서는 안됩니다.

3. A : 早く手を打たないと。何とかしてください。

   B : 　　　　　　　　　　　　　　　　　　　지금 내가 도대체 무얼 할 수 있겠는가?

4. A : 今度の英語の試験、まんてんをきたいしているよ。

   B : 　　　　　　　　　　　　　　　　　　　　　　　만점이라니, 나는 못해 !

words

□ このあいだ(この間) 지난번, 요전 　　□ はやく （早く） 빨리 　　□ しけん(試験) 시험

□ りょこう(旅行) 여행 　　□ てをうつ （手を打つ） 　　□ まんてん(満点) 만점

□ おもしろい(面白い) 재밌다 　　　손쓰다, 대책을 강구하다 　　□ きたい(期待)する 　기대하다

□ あした(明日) 내일 　　□ なんとか(何とか) 어떻게든 　　□ なんて 　~라니, ~따위,

□ ~てはいけない ~해서는 안된다 　　□ こんど （今度） 이번

太陽 ： でも　私は　雪を　とかせるわ。

　　　　それに　花だって　さかせられる。

　　　　それから　春を　呼ぶ　ことだって　できるのよ。

　　　　ほらね、私が　世界中で　一番　強いでしょ。

北風 ： そんなの　大した　ことじゃ　ない。

　　　　世界中で　一番　強いのは　おれさまだ。

太陽と　北風は　どちらも　自分の　方が　強いと　言いはります。その時、一人の　たび人が　歩いて　くるのが　見えました。

北風 ：いい　考えが　ある。

　　　　あの　たび人が　見えるだろ?

太陽 ：青い　コートを　きて　いる　あの　人?

北風 ：そうだ。おまえと　かけを　する　ことに　しよう。

太陽 ：かけって？

해님 　하지만 나는 눈을 녹일 수 있어.

　　　게다가 꽃도 피게 할 수 있지.

　　　그리고 봄을 데려 올 수도 있어.

　　　거봐, 내가 세상에서 제일 힘이 세지.

바람 　그런 거 별 것도 아니야.

　　　세상에서 가장 힘이 센 건 바로 나야.

해님과 바람 둘 다 자기가 더 힘이 세다고 우겨댔습니다. 그 때 한 명의 나그네가 걸어오는 것이 보였습니다.

바람 　좋은 생각이 있어.

　　　저기 나그네가 보이지?

해님 　파란색 코트를 입고 있는 저 사람?

바람 　그래. 너와 내기를 해 보자.

해님 　내기라고?

단어

□ でも　그렇지만

□ とかす(溶かす)　녹이다

□ だって　보격조사 「も」의 회화적 표현으로 [~도]로 해석된다.

□ さかせられる(咲かせられる)　피울 수 있다

□ それから　그리고

□ よぶ(呼ぶ)　부르다

□ そんなの　그런 건

□ たいした(大した)　뒤에 부정 표현이 수반되어 [별, 이렇다 할]으로 쓰인다.

　→ 大したことじゃない　별 거 아니야

□ どちらも　어느 쪽이다, 둘 다

□ いいはる(言い張る)　우겨대다, 주장하다

□ たびびと（旅人）　나그네

□ あるいてくる(歩いて来る)　걸어오다

□ かんがえ(考え)　생각

□ だろ　「だろう」가 변화된 형태로서 상대방에게 동의를 구하는 데 쓰이는 표현임. ~지?

□ あおい(青い)　파랗다

□ コート　코트

□ かけ(賭け)　내기

□ ～(する) ことにする　~하기로 하다

□ って　계조사로서 상대말의 말을 되받아 설명이나 반문하는 뜻을 나타냄. ~냐고, ~라니.

1

꽃도 피게 할 수 있지!

→ 花<u>だって</u>　さかせられる。

(예) 誰だって知っていることですから。　누구나 알고 있는 것이니까요.

조사 「でも」와 같은 표현의 「だって」는 '~라도'의 의미로, 「でも」가 문장체와 구어체 모두 사용되고 있는 것에 비해 「だって」는 구어체적인 성격이 강해 회화 장면에서 주로 사용되고 있습니다. 접속사의 「だって (그렇지만)」와는 다르다는 점, 주의해 주세요!

2

그런 거 별 것도 아니야

→ <u>そんなの　大した　ことじゃ　ない。</u>

(예) A: 聞いてよ。田中君は週10万円かせぐんだって。　들어봐. 다나카군은 일주일에 10만엔 번데.

B: そんなの大したことじゃない！。　그런 거 별 거 아니야.

우리말의 '별거 아니야', '그런 거 별것도 아니야', '대단치 않아' 등을 표현하고자 할 때 'そんなの大したことじゃない'라고 표현해 보세요. 이런 표현은 문장 전체를 통으로 암기하시는 것이 네이티브 따라잡기의 비결이랍니다.

3

좋은 생각이 있어

→ いい　考えが　ある。

(예) その件については私にいい考えがある。　그 건에 대해서는 나에게 좋은 생각이 있어.

상대방과 어떠한 고민이나 문제에 대해 이야기를 나누고 있을 때, '나에게 좋은 생각이 있어!' 내지는 '나에게 그것을 해결할 만한 좋은 비책이 있어!' 라는 의사를 전달하고자 할 때, 「(私に) いい考えがある」 라고 하면 됩니다. 우리말의 '생각'이라는 단어에 대한 일본어가 「考え」 외에도 여러 가지 있으므로 이 표현을 꼭 통암기해 두세요.

4 저기 나그네가 보이지?

→ あの　たび人が　見えるだろ？

예 まさか、君は行かないんだろ。 설마, 자네는 가지 않겠지?

여기에서의 「だろ」는 「だろう」의 변화된 형태로 '추측'의 의미가 아닌 '확인'의 의미입니다. 회화체로서는 남성들이 주로 상대에게 자신의 의견에 동의해 줄 것을 기대하는 뉘앙스를 담아 상승조의 인터네이션으로 사용하여 확인의 '~지?, ~겠지?'의 의미로 사용하고 있답니다. 여성들은 「だろ」 보다는 「でしょ」를 더욱 많이 쓰는 것 같습니다.

Tip 회화체에서 자주 등장하는 「だって」는 다양한 의미를 가지고 있답니다. 접속사의 「だって」와 연어의 「だって」의 의미적 차이를 정리해볼까요?

① 접속사 「だって」　- 반론하는 의미의 [그렇지만, 하지만, 왜냐하면]

　A: どうして遅れたの。 어째서 늦었니?

　B: だって電車が遅れたもの。 (왜냐하면) 전철이 늦게 왔어.

② 연어의 「だって」

　②-1　~라도, ~일지라도, ~라 해도

　　あの人はいくら食べたって太らないんだそうだ。 저 사람은 아무리 먹어도 살이 안찐대

　②-2　~에게 조차

　　それぐらいのことは子どもだって知っている。 그 정도의 이은 아이라도 알아.

　②-3　~이든 ~이든

　　魚だって肉だって大丈夫です。 생선이든 고기든 괜찮습니다.

　②-4　~이란다

　　あの店、明日は休みだって。 저 가게, 내일은 쉰대.

　②-5　~라고? (놀람이나 반감의 의미를 담아)

　　A: あの人、男よ。 저 사람 남자야.

　　B: 男だって？とんでもない。 남자라고? 말도 안돼.

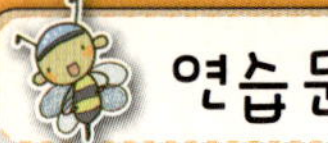

I. 표현 연습 – 괄호 안의 표현을 이용하여 일본어로 바꾸어 봅시다.

1. 꽃도 피게 할 수 있지. (~だって)

→

2. 그런 거 별 거 아니야. (大_{たい}したこと)

→

3. 좋은 생각이 있어. (~いい 考_{かんが}え)

→

4. 저기 나그네가 보이지? (だろ)

→

□ はな(花)　꽃	□ そんなの　그런 거	□ たびびと(旅人)　나그네
□ さく(咲く)　피다	□ たいした(大した)	□ みえる(見える)　보이다
□ させられる　~하게 할 수 있다	(뒤에 부정어가 따라오며) 별, 큰	

Ⅱ 회화 연습 – 제시된 내용에 맞는 일본어로 바꾸어 보세요.

1. A : 君、すごいね。どうしてそんなことが分かったのか。

B : 　　　　　　　　　　　　　　　　　누구나 알고 있는 것이니까요.

2. A : 田中君はさいきんすごいんですって。

B : 　　　　　　　　　　　　　　　　　그런 거 별 거 아니야.

3. A : 例のけいやくはうまくいっていないようですね。

B : 　　　　　　　　　　　　　그 건에 대해서는 나에게 좋은 생각이 있어.

4. A : 明日、山田さんは中国へしゅっちょうだそうです。

B : 　　　　　　　　　　　　　　　　　설마, 자네는 가지 않겠지?

---

words

□ すごい(凄い)　굉장하다, 대단하다	□ れいの(例の)　예의	□ しゅっちょう(出張)　출장
□ どうして　어째서	□ けいやく(契約)　계약	□ そうだ　~라고 한다
□ わかる(分かる)　알다	□ その件(けん)　그 건	
□ さいきん(最近)　최근	□ うまくいく	
□ って　~라고 하다	(일이) 순조롭게 잘 진행되다	

北風　：　あの　たび人の　コートを　脱がせるのさ。

　　　　　もし　おまえが　勝ったら、おまえが　一番　強い。

　　　　　でも　おれが　勝てば、おれが　一番　強いって　ことだ。

太陽　：　おもしろそうね。もし　私が　勝ったら、もう　そんなに

　　　　　強く　吹かないでね。

北風　：　よし、分かった。約束する。

　　　　　いいのか？

太陽　：　ええ、どうぞ。

北風　：　それじゃあ、おれから　やるぞ。

바람　저 나그네의 코트를 벗기는 거야.

　　　만일 네가 이기면 네가 제일 힘이 센 거야.

　　　그렇지만 내가 이기면 내가 제일 힘이 세다는 거지.

해님　재미있을 것 같네.

　　　만일 내가 이기면 이제 그렇게 너무 바람을 세게 불지 말아줘.

바람　좋아, 알았어. 약속하지. 괜찮아?

해님　응, 알았어.

바람　그럼, 나부터 하겠어.

단어

□ ぬがせる(脱がせる)　벗기다

□ さ　종조사 「さ」는 남성어로서 가볍게 단언하는
　　　느낌을 나타냄.

□ おまえ(お前)　너, 자네

□ かったら（勝ったら）　이기면

□ でも　그렇지만

□ かてば(勝てば)　이기면

□ つよいって(強いって)　＝強いという

□ おもしろそうね(面白そうね)　재미있을 것 같네.

□ もし　만일

□ もう　이제

□ そんなに　그렇게

□ ふかないでね　「ふかないでくださいね」의 줄임말

□ やくそくする(約束する)　약속하다

□ ええ　「はい」보다 약간 편한 표현으로 '네' 또는
　　　'응' 등으로 해석할 수 있다.

□ それじゃあ　「それでは」의 회화적 표현. 그럼.

□ おれから　나부터

□ やる　하다

□ ぞ　(대등한 사람이나 손아랫 사람에게) 자신의 주장
　　　을 강하게 나타낼 때 쓰는 종조사.

1

내가 제일 힘이 세다는 거지 

→ おれが　一番　強いっ<u>て　ことだ</u>

예 田中君^{た なか くん}はつまり、またちこくってことですね。 요컨대 다나카군은 또 지각이라는 거네요

「ってことだ」는 「ということだ」의 회화체로서, [즉, ~이다] 라는 결론을 이끌어내거나, 그에 대한 해석을 진술할 때 사용하는 표현이에요. 기본적으로는 기본형에 접속하지만, 진술에 대한 해석이나 결론이 연결되므로 다른 형태로 연결되기도 한답니다.

2

이제 그렇게 너무 바람을 세게 불지 말아줘 

→ もう　そんなに　強く　吹かないでね。

예 仕事^{し ごと}のじゃまをしないで。 일 방해를 하지 말아줘.

여기에서의 「吹かないでね」(불지 말아줘)는 「吹かないでください」(불지 말아 주세요)의 여성스러운 보통체, 즉 반말 표현이라고 할 수 있어요. 「~ないでください」는 「ないでくださいませんか」→「ないでくださいますか」→「ないでください」→「ないで(くれ)」의 순서로 점점 편한 말투가 되며, 어떤 행위에 대한 금지를 당부, 의뢰하는 표현입니다. 여기에서 종조사 「ね」가 쓰여져 여성어로서의 느낌을 살리고 있습니다.

3

괜찮아?

→ いいのか？

예 このまま出かけてもいいのか。　이대로 외출해도 괜찮아?

상대방에게 자신의 의견을 확인 내지 동의를 얻기 위하여 '(~해도) 좋은가? 괜찮은가?'를 표현할 때에는 「~(て も)いいのか」 라고 하면 됩니다. 「いいのか」 의 가장 흔한 용법중의 하나는 「どうしたらいいのか分か らない」(어떻게 하면 좋을지 모르겠다)의 문장에서와 같이 불확실한 의미를 나타내는 경우이지만, 이런 경우 의 「いいのか」 의 인터네이션이 하강조인데 비해, 확인을 나타내는 「いいのか」 는 상승조랍니다.

Tip 예문으로 보는 다양한 「いいのか」

① 何を書けばいいのかよく分かりません。

　무엇을 쓰면 좋을지 잘 모르겠습니다.

② どうすればいいのか、教えてください。

　어떻게 하면 좋을지 가르쳐 주세요.

③ 明日の会議に参加しなくてもいいのかどうか悩んでいます。

　내일 회의에 참가하지 않아도 될지 고민합니다.

④ 誕生日のプレゼントは何がいいのかな。

　생일 선물은 무엇이 좋을까?

⑤ 民主党はこれでいいのか。

　민주당은 이대로 좋은가?

Ⅰ 표현 연습 – 괄호 안의 표현을 이용하여 일본어로 바꾸어 봅시다.

1. 내가 제일 힘이 세다는 거지.(ってことだ)

> →

2. 이제 그렇게 너무 바람을 세게 불지 말아줘. (~ないで)

> →

3. 괜찮아?

> →

□ おれ(俺)　나 (남성어)	□ つよい(強い) (힘이) 세다	□ そんなに　그렇게
□ いちばん(一番) 제일, 가장	□ もう　이제	□ ふく(吹く) (바람이) 불다

회화 연습 - 제시된 내용에 맞는 일본어로 바꾸어 보세요.

1. A : 先生、田中君がまだ来ていません。

   B : 　　　　　　　　　　　　　　　　　　　요컨대 다나카군은 또 지각이라는 거네요.

2. A : あなた、今いいかしら。

   B : 　　　　　　　　　　　　　　　　　　　　　　　일 방해를 하지 말아줘.

3. A : あなた、とても寒いからちゃんとあつぎした方がいいわよ。

   B : 　　　　　　　　　　　　　　　　　　　　　이대로 나가도 괜찮겠어?

---

words

- □ つまり　요컨대
- □ また　또
- □ ちこく(遅刻)　지각
- □ あなた　여보, 당신
- □ いま(今)　지금

- □ かしら　~일까, 을까(여성어)
- □ しごと(仕事)　일
- □ じゃま(邪魔)　방해
- □ さむい(寒い)　춥다

- □ あつぎ(厚着)する　옷을 여러 겹 껴입다
- □ でかける(出かける)　나가다, 외출하다

北風は　おもいっきり　強く　吹きあれました。けれど、強く　吹けば　吹くほど　たび

人は　りょう手で　コートを　しっかりと　おさえこみます。

北風　　　：　どうしたんだろう？　どうして　コートを　脱がないんだ？

たび人　：　今日は　風の　強い　日だなあ。

　　　　　　　ああ　寒い。ブル　ブル　ブル…

北風　　　：　もっと　強く　吹いて　やれ。

たび人　：　ハックショーン！　どんどん　寒く　なるぞ。

　　　　　　　コートを　しっかり　おさえよう。

바람은 있는 힘껏 세게 바람을 불어댔습니다. 그렇지만 바람이 강하게 불면 불수록 나그네는
양손으로 코트를 단단히 여밉니다.

바람 　어떻게 된 거지?

　　　어째서 코트를 벗지 않는거지?

나그네 오늘은 바람이 센 날이군.

　　　아아 추워. 덜덜...

바람 　좀 더 세게 불어 주지.

나그네 에취! 점점 심하게 추워지네.

　　　코트를 단단히 잡아야지.

단어

- おもいっきり　마음껏, 실컷, 몹시. 「おもいきり」
  의 강조어.
- ふきあれる(吹き荒れる)　(바람이) 거칠게 불어대다
- けれど　그렇지만
- ふけばふくほど　(바람이) 불면 불수록
- りょうて(両手)　양손
- しっかりと　단단히, 꽉
- おさえこむ(押さえ込む)　눌러 꼼짝 못하게 하다

- ぬぐ(脱ぐ)　벗다
- ブルブル　벌벌, 와들와들
- ~てやる　~해 주다
- どんどん　(심하게) 점점
- ぞ　종조사 ぞ는 혼잣말로 스스로에게 다짐하거나 판
  단함을 나타낸다.
- おさえる(押さえる) 붙잡다. 누르다

1

어떻게 된 거지?

→ <u>どうしたんだろう</u>。

예 A : バスがなかなか来ないね。 좀처럼 버스가 오질 않네

B : どうしたんだろう。 어떻게 된 걸까

'무슨 일일까...' '어떻게 된거지...' 와 같이 어떤 사고나 상황에 대해 납득할 수 없는 경우나 이해하기 어려울 때 주로 쓰이는 표현 「どうしたんだろう」를 익혀 봅시다. 「どうしたの」는 '무슨 일이야, 무슨 일 있어?' 등의 의미이지만, 추측형 어미 「だろう」가 접속된 형태인 「どうしたんろう」는 상대방에게 직접 묻는 형태가 아닌 혼잣말로 많이 쓰입니다.

2

좀 더 세게 불어 주지

→ もっと　強く　吹い<u>て　やれ</u>。

예 もっと上手になったらおどろかせて やれ。 좀 더 익숙해지면 놀래켜 주지.

「~てやる」는 어떤 대상을 향해 '~해 준다'라는 표현으로 주로 쓰이지만, 그 외에도 본인의 결의와 강한 의지를 나타내는 표현으로서 사용되는 경우도 많습니다. 그 중, 일상회화에서 가벼운 결심을 나타내는 '~해야지'를 「~てやれ」의 형태로 표현하고 있으니, 여러 가지 형태로 응용하여 연습해 보면 어떨까요?

점점 심하게 추워지네.

→ <u>どんどん</u>　寒く　なるぞ。

 예　雪がどんどんふりつもって運転は無理ですよ。　눈이 점점 많이 쌓여서 운전은 무리예요.

 95

「どんどん」은 자주 접하는 의태어입니다. 어떤 경우에 사용하고 있을까요?

우선, 사건, 상황이 심한 상황으로 점점 더해가는 모양을 나타내는 [점점, 자꾸자꾸],

또한, 일이 순조롭게 잘 진행되어가는 상황을 나타내어 [척척, 착착, 술술] 등의 의미로 주로 많이 쓰입니다.

그렇지만, 경우에 따라서는 「どんどん」이 의성어로도 쓰일 수 있습니다.

무언가를 세게 두드리는 소리나, 대포 등이 '쾅' 터지는 소리 등을 나타내기도 하지요...

다양하게 쓰이는 「どんどん」을 아래 예문을 통해 정리해 봅시다.

① 　仕事をどんどん進める　　일을 <u>착착</u> 진행시키다
② 　雪がどんどん降り積もる　　눈이 <u>점점</u> 쌓이다
③ 　どんどん戸をたたく　　<u>탕탕</u> 문을 두드리다
④ 　太鼓をどんどん鳴らす　　북을 <u>둥둥</u> 울리다

> **Tip**　「どんどん」과 비슷한 「だんだん」은 '느리게, 점차적으로 천천히 그렇게 되어가는' 뉘앙스를 담고 있는 점에서 차이가 있으니 잘 구분해서 사용하여야 합니다.
>
> 예) いつの間にか、数学がだんだんおもしろくなってきた。
>
> 　어느샌가 수학이 조금씩 재미있어졌다.

I. 표현 연습 – 괄호 안의 표현을 이용하여 일본어로 바꾸어 봅시다.

1. 어떻게 된 거지?

→

2. 좀 더 세게 불어 주지. （~てやれ）

→

3. 점점 추워지네. （どんどん）

→

words

□ もっと 좀 더	□ ふく(吹く) 불다	□ ~くなる ~해지다
□ つよく(強く) 세게	□ さむい(寒い) 춥다	□ ぞ (주로 남성이) ~하군, ~야지

II 회화 연습 - 제시된 내용에 맞는 일본어로 바꾸어 보세요.

1. A : ねえ、えいぎょう部の美喜ちゃんね、会社やめるらしいよ。

   B : [어떻게 된 일일까?] 結婚でもするのかしら。

2. A : 君には無理だってみんなあきらめているんだから、もうやめたら。

   B : [좀 더 익숙해지면 놀래켜 주지.]

3. A : もうそろそろ出かけてみるか。

   B : [눈이 점점 쌓여서 운전은 무리예요.]

北風 _{きたかぜ}	：	吹きとべ、コート！　吹きとんで　しまえ！
太陽 _{たいよう}	：	だめね。
北風 _{きたかぜ}	：	最後に　もう一度　やって　みる。
太陽 _{たいよう}	：	今度が　最後よ。
北風 _{きたかぜ}	：	分かった。もっと　強く　吹いて　やる。

北風は　力の　かぎり　強く　吹きあれました。　けれど　たび人の　コートは　吹きとばされません。

太陽 _{たいよう}	：	あなたは　とても　強いわ、北風さん。
		けれど　いつも　力だけが　やくに　立つとは　かぎらないのよ。
		今度は　私の　番。さあ、やって　みるわよ。
北風 _{きたかぜ}	：	やって　みろ。そう　簡単には　いかないぞ。

北風は　少し　心配に　なりました。

바람　날아가 버려, 코트야!

　　　날아가 버리라구!

해님　소용없어...

바람　마지막으로 한 번 더 해볼게.

해님　이번이 마지막이야.

바람　알았어.

　　　더욱 더 세게 불어야지.

바람은 있는 힘껏 세게 불어댔습니다. 그렇지만 나그네의 코트는 벗길 수가 없었습니다.

해님　당신은 정말 힘이 세. 바람씨.

　　　그렇지만 언제나 힘만이 쓸모가 있는 것은 아니야.

　　　이번에는 내 차례야. 자아 해보겠어.

바람　해 봐. 그렇게 간단하게는 안될 걸.

바람은 조금 걱정이 되었습니다.

단어

- □ ふきとぶ(吹き飛ぶ)　바람에 날아가다
- □ さいごに(最後に)　마지막으로
- □ こんど(今度)　이번
- □ ちからのかぎり(力の限り)　힘닿는 대로, 힘껏
- □ ふきあれる(吹き荒れる)　(바람이) 거칠게 불어대다
- □ いつも　언제나
- □ だけ　~만, ~뿐
- □ やくにたつ(役に立つ)　도움이 되다. 쓸모가 있다

- □ ~とはかぎらない　꼭 ~하다고만 할 수는 없다. 반드시 ~한 것은 아니다
- □ ばん(番)　순서, 차례
- □ そう　그렇게, 그리
- □ かんたんには(簡単には)　간단하게는
- □ いかない　할 수 없다
- □ しんぱい(心配)　걱정

1

마지막으로 한 번 더 해볼게

→ <u>最後に</u>　もう一度　やって　みる。 

예 今月最後の日ようびなら大丈夫です。　이번 달 마지막 일요일이라면 괜찮습니다.

우리말에서의 「최후(最後)」는 '최후를 맞이하다' 내지는 '최후의 비장 카드' 등의 예문에서와 같이 상당히 무겁고 비장한 느낌을 주는 단어입니다. 하지만 일본어에서는 '최후' 외에도 '마지막, 맨 뒤, 맨 끝' 등의 가벼운 의미로 자주 표현됩니다. 따라서 「最後に」를 '마지막으로, 끝으로' 등의 의미를 담아 대화 장면에서 가볍게 활용할 수 있어요.

2

언제나 힘만 쓸모 있는 것은 아니야.

→ いつも　力だけが　やくに　立つ<u>とは　かぎらない</u>のよ。 

예 いつも強いものがかつとはかぎらないんです。　언제나 강한 자가 이긴다고는 할 수 없어요.

「~とはかぎらない」는 '반드시 ~한 것은 아니다'라는 의미를 지닌 문형입니다. 「~にかぎる」가 '~가 제일 좋다'의 의미이라면 부정 조동사 「ない」가 결합된 형태의 「かぎらない」는 조사 「とは」와 함께 하여 '어떠한 경우에도 항상 으레 마땅히 그렇게 되는 것은 아니다'라는 다른 경우수를 생각하게 하는 「必ずしも~ない」와 같은 용법으로 쓰이고 있습니다.

다음 두 문장을 참조해 「限る」와 「限らない」의 용법 차이를 정리해 주세요.

「ビールは夏に限る」 (맥주는 여름에 마시는 것이 제일 좋다)

「ビールが夏だけの飲み物だとは限らない」 (맥주가 여름에만 마시는 것이라고는 할 수 없다)

3

그렇게 간단하게는 안될 걸.

→ そう　簡単には　いかないぞ。

예 なっとくいかない所がありましたら、いつでもご連絡ください。

납득할 수 없는 점이 있으면 언제든 연락주십시오.

여기에서의 「いかない」는 '~할 수 없다'의 의미로 쓰이고 있어 「そう簡単にはいかない」는 '그렇게 간단하게 는 할 수 없어 → 그렇게 간단하지는 않아'의 의미로 해석할 수 있어요.

I

표현 연습 – 괄호 안의 표현을 이용하여 일본어로 바꾸어 봅시다.

1. 마지막으로 한 번 더 해볼게 （最後_{さいご}に）

→

2. 언제나 힘만 쓸모 있는 것은 아니야. (~とはかぎらない)

→

3. 그렇게 간단하게는 안 될 걸. (~いかない)

→

□ もういちど(もう一度)　한번 더	□ いつも　언제나	□ そう　그렇게
□ やる　하다	□ ちから(力)　힘	□ かんたん(簡単)だ　간단하다
□ ～てみる　~해 보다	□ やくにたつ(役に立つ) 쓸모 있다, 도움되다	

Ⅱ 회화 연습 - 제시된 내용에 맞는 일본어로 바꾸어 보세요.

1. A : あのう、映画のしょうたいけんが手に入りましたので一緒にいかがですか。

   B :

   이번 달 마지막 일요일이라면 괜찮습니다.

2. A : この試合も、また田中さんのしょうりに違いありませんね。

   B :

   언제나 강한 자가 이긴다고는 할 수 없어요.

3. A : この件については、ちょっと気になるところがいくつかありますが。

   B :

   납득할 수 없는 점이 있으면 언제든 연락주십시오.

words

□ しあい(試合)　시합	□ かつ(勝つ)　이기다	□ いくつか　몇 개인가
□ しょうり(勝利)　승리	□ このけん(件)　이번 건	□ なっとく(納得)　납득
□ ちがいない(違いない)　틀림없다	□ き(気)になる	□ れんらく(連絡)　연락
□ いつも　언제나	마음에 걸리다, 걱정하다	

太陽は　たび人を　やさしく　てらしはじめました。

たび人　　：　風が　やんだ？　太陽が　出て　きたぞ。

　　　　　　　だんだん　暖かく　なって　きた。おかしな　日だなあ。

たび人は　太陽を　見上げながら、　せんすを　出して　顔を　あおぎはじめました。

たび人　　：　暖かく　なって　きたぞ。何だか、　おかしいなあ。

たび人は　コートの　ボタンを　はずしはじめました。

北風　　　：　いったい　どうしたんだ。太陽は　何も　して　ないのに。

太陽　　　：　力だけが　全てじゃ　ないの。ほら　ごらんなさい。

해님은 나그네를 부드럽게 비추기 시작했습니다.

나그네　바람이 멈추었나. 해가 나왔네.

　　　　점점 따뜻해지는군. 이상한 날이군.

나그네는 해님을 올려 보면서 부채를 내어 얼굴을 부치기 시작했습니다.

나그네　따뜻해지고 있네. 왠지 이상하단 말이야.

나그네는 코트 단추를 풀기 시작했습니다.

바람　　도대체 무슨 일이야. 해는 아무것도 하지 않았는데.

해님　　힘만이 전부가 아니야. 자 이것 봐.

단어

- やさしく(優しく)　부드럽게
- てらす（照らす）　비추다
- はじめる(始める)　동사의 ます형 뒤에서 접속하여 '~하기 시작하다'라는 의미로 쓰임.
- かぜがやむ(風が止む)　바람이 멎다
- でてくる(出てくる)　나오다
- おかしな　이상한
- みあげる(見上げる)　올려보다, 쳐다보다
- せんす(扇子)　부채
- だす(出す)　꺼내다
- あおぐ(扇ぐ)　부채질하다

- なんだか　왠지
- なあ　종조사로, 어말에 붙어 감탄의 의미를 나타낸다.
- ボタンをはずす　단추를 풀다
- いったい　도대체
- どうしたんだ　무슨 일이야. 어찌된 일인가?
- なにも　아무것도
- のに　~는데
- すべて(全て)　전부
- ほら　상대의 주의를 끌려고 내는 소리. 자.
- ごらんなさい　「見なさい」의 높임말. 보시오.

1

이상한 날이군.

→ <u>おかしな</u>　日だなあ。 

（예）細かなところまでよく気がきくやさしい人です。 사소한 것까지 신경을 잘 써주는 착한 사람입니다.

'모든「い형용사」가「な」형태의 명사 수식형을 가지고 있는 것은 아니지만,「大きな、小さな、おかしな、細かな、暖かな、柔らかな」등의 예는「い형용사형」와「な형용사형」를 함께 가지고 있습니다. 이러한 특수 예는 외워 두는 것이 좋습니다.

 일본어의 연체사를 크게「そんな, いろんな 등의 な형」,「この, ほんの, 例の 등의 の형」,「ある, 来る 등의 る형」으로 나누어, 본문의「おかしな」는「大きな、小さな」등과 같이「な형연체사」로 간주하는 문법적 견해도 있습니다.

2

자 이것 봐.

→ <u>ほら</u>　ごらんなさい。 

（예）ほら見て。あそこだ。 저기! 봐봐. 저쪽이야.

「ほら」는 흔히 '(저)말이야, 이봐, 자' 등으로 보통 상대방의 주의를 급하게 끌려고 할 때에 쓰이는 감동사로, 일반적으로 손윗사람에게는 쓰지 않습니다. 또한「ほら, ごらんなさい」는 우리말에서 상대방에게 '자 봐봐 (내가 한 말이 맞았지?)' 등의 뉘앙스를 담아 표현할 때에 쓸 수 있습니다.

 감동사, 의성어, 의태어 등은 우리들이 어휘 학습에서 크게 비중을 두지 않기 쉽지만, 실제 일상 회화에서는 자연스러움을 더해주어 조금 더 네이티브에 가깝게 만들어 줄수 있는 중요한 부분입니다. 이러한 단어들은 일본인과 직접 많이 접하게 되면 어떤 상황에서 쓰이는지 자연스럽게 익혀지기도 하지만, 학습을 통해 익히고자 할 때는 처음부터 정확한 용법을 익혀 두어야 실수 없이 사용할 수 있습니다

I 표현 연습 – 괄호 안의 표현을 이용하여 일본어로 바꾸어 봅시다.

1. 이상한 날이군. (おかしな)

→

2. 자 이것 봐. (ほら)

→

II 회화 연습 – 제시된 내용에 맞는 일본어로 바꾸어 보세요.

1. A : おくさまはどんな方ですか。

B : 사소한 것까지 신경을 잘 써주는 착한 사람입니다.

2. A : たしかに健君の学校はこの辺だったような気がするんだけどなあ。

B : 저기! 봐봐. 저쪽이야.

words

□ へや(部屋) 방	□ きがきく(気が利く)	□ へん(辺) 부근
□ ふべんだ(不便)だ 불편하다	(자잘한 곳까지) 생각이 잘 미치다	□ きがする(気がする) 생각이 들다
□ こまかな(細かな) 사소한	□ たしかに(確かに) 분명히	□ あそこ 저쪽

たび人は　コートの　ボタンを　全部　はずしました。　太陽は　ずっと　たび人を　てらしつづけて　います。

たび人　　：まだ　暑いなあ。　春の　ようだ。コートを　脱がなけりゃ。

北風　　　：コートを　脱いでるぞ！　信じられない。

　　　　　　太陽は　何も　してないのに。

太陽　　　：ええ、そうよ。たび人に　光を　あげたのよ。

　　　　　　あの　人を　暖かく　して　あげたの。

　　　　　　力だけが　全てでは　ないって　言ったでしょう。

北風　　　：なるほどなあ。力だけが　全てでは　ないんだな。

　　　　　　うーん、おまえの　勝ちだ。

　　　　　　おまえは　世界で　一番　強いよ。

太陽　　　：ありがとう。私は　木を　吹きとばす　ことは　できないわ。

　　　　　　だけどね、人々を　暖かくして　しあわせに　する　ことは

　　　　　　できるの。だから　みんな　私の　ことが　好きなのよ。

나그네는 코트 단추를 전부 풀었습니다. 해님은 계속 나그네를 비추어대고 있습니다.

나그네 아직도 덥네. 봄 같아. 코트를 벗지 않으면 안 되겠어.

바람 코트를 벗고 있잖아? 믿을 수 없어. 해는 아무것도 하지 않았는데.

해님 응. 그래. 나그네에게 햇빛을 주었어. 저 사람을 따뜻하게 해 주었어.

힘만이 전부가 아니라고 했잖아.

바람 정말이구나. 힘만이 전부가 아니구나.

그래...네가 이겼어. 너는 세상에서 제일 강해.

해님 고마워. 나는 나무를 날려 버릴 수는 없어.

그렇지만, 사람들을 따뜻하게 해서 행복하게 할 수는 있어.

그래서 모두 나를 좋아하는 거야.

단어

- □ **ボタン**   단추
- □ **ずっと**   쭉, 계속
- □ **てらしつづける(照らし続ける)**   계속 비추다.
- □ **あつい（暑い）**   덥다
- □ **はるのようだ(春のようだ)**   봄과 같다
- □ **～なけりゃあ**   「なければ」의 회화적 표현.
- □ **しんじる(信じる)**   믿다
- □ **ひかり(光)**   빛
- □ **あげる**   주다. 드리다
- □ **～てあげる**   '~해 주다'는 뜻으로 내가 상대방에게 어떤 행위를 해준다는 뜻으로 사용한다.
- □ **って**   앞 문장을 받는 「と」의 회화적 표현이다.

- □ **なるほど**   과연, 정말
- □ **かち(勝ち)**   승리, 이김
- □ **だけど**   그렇지만, 그러나
- □ **人々**   사람들
- □ **しあわせにする(幸せにする)**   행복하게 하다
- □ **だから**   그래서

1

해님은 아무 것도 하지 않았는데.

→ 太陽は　何も してないのに。

예 そんな… 私はなにもしてないのよ。 무슨 말이야. 난 아무것도 안했어.

우리말의 '아무것도 하지 않았다'를 일본어로는 「何もして(い)ない」 라고 합니다. 과거 표현인 [하지 않았다, 안했다]에 대해 「しなかった」 로 표현하지 않고 「~ている」 형인 「して(い)ない」 로 표현된다는 점을 주의해야 합니다.

Tip 의문사 「何」 와 조사 「も」 가 결합된 「何も」 의 뒤에 부정형이 접속하면 '무엇도' 가 아닌 '아무 것도'의 의미가 됩니다. '나 오늘 집에서 하루 종일 아무것도 안했어' → 「私、今日一日中何もしてないのよ」 와 같이 자연스럽게 나올 수 있도록 통으로 암기해 주세요.

2

네가 이겼어.

→ おまえの　勝ちだ。

예 けっきょく今回も彼女の勝ちでした。 결국 이번에도 그녀가 이겼습니다.

어떤 시합이나 경주 등에서 등장하는 '네가 이겼어' 내지는 '내가 이겼어' 등의 표현을 「お前が勝った」 또는 「おれが勝った」라고도 하지만 실제 그러한 표현 보다는 여기에서 의 「(~)の勝ちだ」라는 표현이 더욱 자주 등장하는 것 같습니다. '내가 이겼어'는 「おれの勝ちだ」, '네가 이겼어'는 「おまえの勝ちだ」라고 하지요.

I 표현 연습 – 괄호 안의 표현을 이용하여 일본어로 바꾸어 봅시다.

1. 해님은 아무 것도 하지 않았는데. (何もしてない)

→

2. 네가 이겼어. (~の勝ちだ)

→

words

□ のに　~는데

II 회화 연습 – 제시된 내용에 맞는 일본어로 바꾸어 보세요.

1. A : なんだ、このパソコン壊れているじゃないか。君がいじったのか。

B : 　　　　　　　　　　　　　무슨 말이야...난 아무것도 안했어.

2. A : またまけたのですか。

B : 　　　　　　　　　　　　　결국 이번에도 그녀가 이겼습니다.

words

□ こわれる(壊れる)　고장나다　　□ けっきょく(結局)　결국
□ いじる　손대다, 만지다　　□ まける(負ける)　지다

北風　　：これからは　おれも　やさしく　吹く　ことに　するよ。

太陽　　：そうね、私も　やさしく　てらすわ。

　　　　　春が　もうすぐ　やって　くるわね。

太陽は　かがやき、北風は　やさしく　吹きはじめました。

春は　すぐ　そこまで　来て　います。

力よりも　やさしさが　大切だね。

바람   이제부터는 나도 바람을 부드럽게 불겠어.

해님   그래. 나도 부드럽게 비출게. 이제 곧 봄이 오겠지.

해님은 빛나고, 바람은 부드럽게 불어대기 시작했어요. 이제 곧 봄이에요.

힘보다도 상냥한 부드러움이 중요하지요.

단어

☐ これから 앞으로

☐ ふく(吹く) (바람이) 불다

☐ ~ことにする ~하기로 하다

☐ てらす(照らす) 비추다

☐ もうすぐ 이제 곧

☐ やってくる 찾아오다

☐ かがやく(輝く) 빛나다, 반짝이다

☐ すぐそこまで来ている (시간적으로나 공간적으로) 아주 근접해 있다는 뜻의 관용적 표현. 이제 곧 온다는 뜻임.

1

이제 곧 봄이에요.

→ 春は　すぐ　そこまで　来て　います。 

 新しい未来がすぐそこまで来ています。 이제 곧 새로운 미래가 옵니다.

「すぐそこまで来ている」는 '이제 곧 (특정 시기)이다'라는 의미로 많이 쓰이는 표현으로, 「夏はすぐそこまで来ています」, 「秋はすぐそこまで来ています」 등과 같이 계절 표현에서 주로 쓰입니다. 〈기다리고 있었던 특정한 시기가 얼마남지 않았다〉는 의미를 담고 있지요.

Tip 이와 유사한 표현인 「もうすぐ(春)です」라는 표현과 실제 의미에 있어서는 큰 차이는 없지만, 「(春が)すぐそこまで来ています」는 조금 더 시적인 느낌을 주는 고급스러운 표현이라고 할 수 있어요.

Ⅰ

표현 연습 – 괄호 안의 표현을 이용하여 일본어로 바꾸어 봅시다.

1. 이제 곧 봄이에요. (すぐそこまで来ている)

→

Ⅱ

회화 연습 – 제시된 내용에 맞는 일본어로 바꾸어 보세요.

1. A : 科学って、どんどんしんかしていって追い付けない。

   B : 이제 곧 새로운 미래가 옵니다.

□ かがく(科学) 과학　　　□ しんか(進化) 진화　　　□ おいつく(追い付く) 따라잡다
□ どんどん 점점　　　□ ～ていく ~해 가다

정답

p.16

1. むすめと一緒にくらしていました。
2. むすめを深く愛していました。
3. あまり仕事をしすぎてはいけないよ。
4. 体を壊したら大変だ。
5. 私のことは心配しないで 。
6. お父さんこそ先に家に帰ってください。

p.17

1. 父と母、そして妹と一緒に4人でくらして
   います。
2. むすめを深く愛していました。
3. きんちょうしすぎてはいけないが、リラッ
   クスしすぎてもいけないよ。
4. 体を壊したら大変だ。
5. どうかしばふに入らないでください。
6. 私の方こそ失礼しました。

p.22

1. 一頭のライオンが村にあらわれました。
2. あそこににんげんがいるぞ！
3. あいつらすごくうまそうだな。
4. おまえたちはわしの昼めしになれ。
5. かくごはできたか。
6. かくごはできたな。

p.23

1. あら、ライオンが一頭、二頭、三頭...
2. 今日はぜったいまけないぞ 。
3. あのケーキ、とてもおいしそうね。
4. 暗くなる前に早く帰れ！
5. かくごはできたか。
6. かくごはできたな。

p.28

1. 大変だ！火事だ！
2. どこから　来たんだろう？
3. お父さん一人だけおいて逃げられないわ。
4. なんてゆうかんなむすめなんだ！
5. ちょっと顔を見せてみろ。
6. ひとめでそのむすめにこいしてしまったの
   です。

p.29

1. 大変だ！
2. 友だちって何だろう。
3. 忙しすぎてお昼さえ食べられなかったわ。
4. なんてすばらしい絵だ！
5. ちょっと話し合ってみたら、あの人のこと
   が好きになりました。
6. ひとばんでこの本を読んでしまったんだ。

p.34

1. ゆうかんなだけでなく、ものすごくきれい
   だなあ。
2. 世界中で一番きれいだ！
3. おれと結婚してくれないか？
4. 結婚だと？
5. なんてことを言うんだ？
6. おまえとなんか結婚できるか！

p.35

1. 彼は やさしいだけでなくまじめです。
2. 日本で一番有名なおんせんなんだ。
3. 彼女のけいたい番号、教えてくれないか。
4. なに, これがほんものだと。
5. おやに向かってなんてことを言うんだ。
6. お金なんかいりません。

p.40
1. それは　そうだが…
2. 結婚するには　早すぎる。
3. そんなの関係ないぞ。
4. 一緒に年をとっていくのだから。
5. おまえたち二人とも食ってやる。

p.41
1. 今日は忙しいですが、あしたなら大丈夫です。
2. 家族みんなでくらすにはこのアパートは狭すぎるよ。
3. この授業と関係のない話しは止めてください。
4. 結婚してからも仕事は続けていくつもりです。
5. こんなきゅうりょうの安い会社、いつでもやめてやる。

p.46
1. 明日また来てほしい。
2. その時に答えることにしよう。
3. いったいどうしたらいいんだ？
4. おまえをライオンなんかと結婚させられない。
5. そんなに心配しないでください。

p.47
1. 今日は早く帰ってきてほしいんだけど。
2. その話しは聞かなかったことにしましょう。
3. 彼との結婚、どうしたらいいかわかりません。
4. いくらがんばっても、勉強の面では母をまんぞくさせられなかったのです。
5. ここではたばこを吸わないでください。

p.52
1. それはいい考えだ！
2. それでおまえのむすめは何と言っているんだ？
3. 何と言っているんだ？

p.53
1. それはとってもいい考えだと思います。
2. それでどうなりました。
3. 山下さんはまだ決められないと言っている。

p.57
1. 間違ってきずつけたらどうします？
2. つめをぬいてもらえますか？

1. 間違ってゆびでも切ったら大変です。
2. ちょっとぺん貸してもらえますか。

p.61
1. 一つもないだろ！
2. わしの所に来るようにむすめに言ってくれ。

1. 君も行くだろ？
2. 忘れないようにノートにメモしておこう。

p.66
1. じつはもう一つあるんですよ。
2. そのきばも全部ぬくことができますか。
3. そんなの問題じゃない。

p.67
1. もう一人紹介したい人がいる。
2. 毎朝6時に起きることができますか。

3. 大した問題じゃない。心配するな。

p.71
1. ウキウキして仕方がありません。
2. ほら自分で見てみろ！

1. 試験にごうかくしたので、うれしくて仕方がないわ。
2. 自分のことは自分でやりなさい。

p.76
1. それはどういう意味だ？
2. あの子がそうして欲しいって…
3. おまえはつめもきばもない。
4. むすめをおまえなんかによめにやるもんか。

p.77
1. いったいどういうつもりなんだ。
2. 今日の予約のキャンセルはできないって。
3. ねも葉もないうわさなんだよ。
4. そんな人に頼むもんか。

p.81
1. たたきのめされる前にとっとと行け。

1. 暗くなる前にとっとと家に帰りなさい。

p.88
1. 吹きとばされそうにゆれてるぞ。
2. 今にも吹きとんでいきそうだ。
3. 風はもっと強く吹きあれます。
4. おれさまは世界中で一番強いんだ

p.89
1. 雨がふりそうだからちょっと急がなきゃ。
2. 今にも泣き出しそうな顔をしているよ。
3. 一日中、嵐が吹きあれていて怖いわ。
4. 世界中で一番読まれている本は何ですか。

p.94
1. それに寒さもますばかりでした。
2. おれさまは木や家も吹きとばすことができるんだぞ。
3. その時太陽が顔を出しました。
4. とても寒くて風の強い日ね。
5. あなたって強いのね。
6. その通り。

p.95
1. 最近の天気は寒くなるばかりです
2. 二十歳みまんの人は、お酒を飲むことができません。
3. 来週のパーティーには、かならず顔を出してくださいね。
4. 新幹線は速くて安全ですから、ご安心ください。
5. PCって何ですか？
6. その通り。

p.100
1. ほんとうは私の方がもっと強いわ。
2. ふざけるな。
3. 何ができるんだ？
4. 私にはできないわ。

p.101
1. 東京より大阪の方がもっとおもしろかったです

2. 先生にたいしてふざけてはいけません。
3. 今の私にいったい何ができるんだ。
4. まんてんだなんて、私にはできないわ。

p.106
1. 花だってさかせられる。
2. そんなの大したことじゃない。
3. いい考えがある。
4. あのたび人が見えるだろ？

p.107
1. 誰だって知っていることですから。
2. そんなの大したことじゃない！
3. その件については私にいい考えがある。
4. まさか、君は行かないんだろ。

p.112
1. おれが一番強いってことだ
2. もうそんなに強く吹かないでね。
3. いいのか？

p.113
1. 田中君はつまり、またちこくってことですね。
2. 仕事のじゃまをしないで。
3. このまま出かけてもいいのか。

p.118
1. どうしたんだろう。
2. もっと強く吹いてやれ。
3. どんどん寒くなるぞ。

p.119
1. どうしたんだろう。
2. もっと上手になったらおどろかせてやれ。.
3. 雪がどんどんふりつもって運転は無理です

よ。

p.124
1. 最後にもう一度やってみる
2. いつも力だけがやくに立つとはかぎらない
   のよ。
3. そう簡単にはいかないぞ。

p.125
1. 今月最後の日ようびなら大丈夫です。
2. いつも強いものがかつとはかぎらないんで
   す。
3. なっとくいかない所がありましたら、いつ
   でもご連絡ください。

p.129
1. おかしな日だなあ。
2. ほらごらんなさい。

1. 細かなところまでよく気がきくやさしい人
   です
2. ほら見て。あそこだ

p.133
1. 太陽は何もしてないのに。
2. おまえの勝ちだ

1. そんな... 私はなにもしてないのよ。
2. けっきょく今回も彼女の勝ちでした。

p.137
1. 春はすぐそこまで来ています。

1. 新しい未来がすぐそこまで来ています。

저자소개

복보경

충남대학교 일어일문학과 졸업
東北大学大学院 석·박사 졸업
宮城教育大学 강사
대림대학 국제사무행정과 전임강사
현재, 숙명여자대학 일본학과 강사

주요논문 및 저서

「19世紀末の韓国における漢語の廃語化現象」
「한자어의 폐어화 현상에 관한 일고」
「明治後期の漢語の考察」
「漢語の廃語化現象」

EASY ICHIBAN 스토리북

초판인쇄_ 2013년 8월 20일
초판발행_ 2013년 8월 30일
저자_ 복보경
펴낸이_ 엄호열
편집장_ 민준홍
책임편집_ 오은정 · 中原美菜子
표지디자인_ 서동화
펴낸곳_ (주)시사일본어사
등록일자_ 1977년 12월 24일
등록번호_ 제300 - 1977 - 31호
주소_ 서울시 강남구 테헤란로 4길 28
전화_ 1588-1582(교재구입문의) / 02)764-1582(교재내용문의)
팩스_ 02)3671-0500
홈페이지_ http://book.japansisa.com
이메일_ sisa_book@naver.com
ISBN 978-89-402-9110-8 18730